AF314780

TRAITÉ D'ÉQUITATION

Paris.—Imprimerie de Cosse et J. Dumaine, rue Christine, 2.

LE COMTE D'ARGOUT.

TRAITÉ
D'ÉQUITATION
ILLUSTRÉ

PRÉCÉDÉ

D'UN APERÇU DES DIVERSES MODIFICATIONS ET CHANGEMENTS

Apportés dans l'équitation depuis le XVIᵉ siècle jusqu'à nos jours;

SUIVI D'UN APPENDICE SUR LE JEUNE CHEVAL

DU TROT A L'ANGLAISE

ET

D'UNE LETTRE SUR L'ÉQUITATION DES DAMES

PAR

LE COMTE D'AURE

Ancien Écuyer cavalcadour de LL. MM. Louis XVIII et Charles X
Écuyer en chef de l'École Royale de Cavalerie

Écuyer de S. M. l'Empereur Napoléon III

QUATRIÈME ÉDITION

PARIS

LIBRAIRIE MILITAIRE

J. DUMAINE, LIBRAIRE-ÉDITEUR DE L'EMPEREUR

30, Rue et Passage Dauphine, 30

—

1870

PRÉFACE

Les notes fort inachevées que j'avais écrites en 1824, et qui parurent en 1833 sous le titre de Traité d'Équitation, pouvaient servir à indiquer dans quelle voie marchait l'École de Versailles dans les derniers temps. Un ouvrage complet sur l'équitation et la connaissance du cheval eût été fort inutile; trop de gens avaient écrit sur ces diverses questions, avec une habileté qui ne donnait pas l'espoir de faire mieux. Il s'agissait de marquer la transition qui s'opérait pour dépouiller l'équitation de ce charlatanisme, de ces superfluités, ne servant qu'à hérisser d'inutiles difficultés la connaissance d'un art d'autant plus nécessaire à simplifier, qu'il doit s'adresser à toutes les classes de la société, et qu'il est d'une utilité presque générale.

La critique tardive que l'on a faite de la première édition d'un ouvrage, douze ans après sa publication, m'autorise à douter de sa sincérité, surtout lorsqu'un nouvel éditeur est venu m'offrir de publier à ses frais une seconde édition.

N'ayant aucunement varié dans ma manière de voir, la seconde édition sera semblable à la première; rien ne sera changé, pas même l'incorrection du style. Je vais donc encore une fois prêter le flanc à mes détracteurs.

Lorsqu'il s'est agi de me combattre pour faire prévaloir des idées surannées et faussement interprétées, la vérité a été faussée au point de juger l'École de Versailles d'après mon manége de Paris. N'était-ce pas une partialité révoltante, de vouloir comparer une instruction largement organisée, où de jeunes élèves dépendent d'un chef pendant plusieurs années, avec un établissement industriel, recevant des hommes de tout âge, de toute force, voulant devenir cavaliers en vingt leçons? peut-on mettre la moindre analogie entre un établissement livré à lui-même, rencontrant à chaque instant mille entraves, et un manége soutenu par la munificence royale? En me reprochant de n'avoir pas enseigné dans mon manége certains moyens de répression et d'assouplissements, quelques personnes ont conclu que je les ignorais; les manéges de Paris sont-ils destinés à former des dresseurs de chevaux, je le demande? N'est-ce pas déjà beaucoup de pouvoir conserver un élève assez de temps pour lui donner une bonne posture, et le mettre dans le cas de se tirer d'affaire avec des chevaux faits? C'est, je crois, la seule chose à laquelle on doive prétendre. Je considérerai toujours comme très-dangereux de chercher à initier un élève à l'application de moyens ne pouvant être réellement compris qu'après une grande habitude. Il faut enfin un sentiment du cheval toujours très-difficile à acquérir, et que ne peuvent jamais obtenir des élèves semblables à ceux qui fréquentent nos manéges.

En cherchant à prouver que beaucoup de préceptes offerts aujourd'hui comme innovation étaient connus depuis longtemps dans nos écoles, j'essayerai de ne blesser aucune susceptibilité. L'âpreté d'une nouvelle polémique ne peut amener aucun résultat heureux; à quoi, en effet, peuvent aboutir tous ces débats, qui décideraient de la valeur des prétentions de chacun, quand juges et tribunaux ont disparu?

La France, à toutes les époques, s'est fait un devoir d'encourager les arts : l'équitation, plus que tous les autres, était autrefois largement soutenue; alors, tout en comprenant que l'étude de l'équitation entraîne à des dépenses dont sont exempts les autres arts, notre pays sentait combien il était important de propager un savoir d'où pouvaient émaner la force de notre cavalerie et le débouché de nos productions chevalines.

Aujourd'hui, les industries de toute nature, les arts les plus futiles reçoivent de larges encouragements du Gouvernement, l'équitation reste seule abandonnée, livrée à la merci de l'industrie particulière, n'offrant que des chances de ruine à ceux qui veulent s'en occuper sérieusement. Elle ne peut se soutenir qu'en se dégradant; aussi, pour peu qu'un tel état de choses existe, malgré le zèle de quelques personnes pour conserver les bonnes traditions, il ne restera bientôt plus du passé qu'un vague et très-imparfait souvenir.

APERÇU

DES DIVERSES ÉQUITATIONS

DEPUIS

LE XVIᵉ SIÈCLE JUSQU'A NOS JOURS

De l'Italie nous vinrent les premiers principes d'équitation. Ils subirent des modifications, des changements, des améliorations, en raison des différentes races, comme en raison du service auquel on voulait astreindre le cheval.

La chevalerie, considérant comme de première nécessité l'art de bien manier un cheval, institua les règles du manége afin d'exercer de bonne heure la jeunesse à la pratique de l'équitation. Le travail individuel, indispensable pour paraître avec avantage dans les tournois, ou avec grâce dans les carrousels, entraînait la jeunesse à une étude très-longue; car alors, non-seulement il était nécessaire que le cavalier fût expérimenté, mais encore fallait-il aussi que le cheval fût rendu souple, liant et soumis à toutes les volontés de son maître. La fuite des talons, les changements de main, les voltes, demi-voltes, passades, pirouettes, etc., étaient autant de ruses mises en usage pour embarrasser un adversaire et l'attaquer avec succès.

Mais tous ces divers mouvements devaient être exécutés avec une justesse et une précision infinies; car le cavalier qui, par le mouvement des mains ou des jambes, aurait laissé voir ses intentions d'agir, offrait par là de grands avantages à un ennemi expérimenté qui aurait su en profiter. C'est pour cela qu'il était nécessaire d'être placé à cheval de manière que la main tenant l'arme fût parfaitement libre; c'est pour cela que les jambes avaient besoin d'être rapprochées et tombantes, afin de maintenir le cheval dans les talons, tout en permettant au corps du cavalier de se mouvoir en raison des attaques qu'il avait à faire, ou des coups qu'il avait à parer : c'est pour cela enfin que la main de la bride, assez fixée pour maintenir le cheval et régler ses mouvements, ne devait pas agir de façon à le restreindre, à le rétrécir et l'empêcher de se développer. De quelle utilité, je le demande, aurait pu être, pour un homme de guerre, une équitation où les deux mains et les deux jambes du cavalier sont continuellement occupées, et où chaque mouvement du cheval est prévu, à cause de la manière apparente dont les unes et les autres agissent? Un cavalier a besoin d'être à son aise ; il doit en possédant le cheval, lui laisser développer les qualités qui lui sont propres. C'est pour cela que, tout en prenant pour base l'équitation de la chevalerie, nous devons élaguer les superfluités et ne prendre que ce qui convient à notre instruc-

tion militaire et civile. L'équitation avait peu de modifications
à recevoir : elle ne devait subir que les changements en rapport avec le temps, les races de chevaux et les progrès de
notre civilisation ; elle devait chercher à rajeunir l'art. Voilà
ce qu'avait fait l'École de Versailles, dont on a complétement
perdu le souvenir.

Les qualités que donne le sang nous venaient en aide pour
simplifier l'équitation, puisque la nature donne au cheval de
race un liant, une souplesse et surtout une énergie que les
anciens écuyers ne trouvaient pas toujours dans leurs chevaux, mais dont ils reconnaissaient tellement les avantages
qu'ils s'efforçaient de la provoquer dans le travail auquel ils
les soumettaient. Depuis le quinzième siècle jusqu'à nos jours.
le changement progressif qui s'est opéré dans les races, les
différentes variétés, ont nécessairement obligé les écuyers à
modifier leurs moyens d'agir, à les augmenter, à les adoucir,
en raison des chevaux qu'ils possédaient.

Nous avons l'avantage aujourd'hui de pouvoir prendre à
chaque école ce qui peut être appliqué avec fruit à la nôtre.
C'est pour cela, qu'en raison des chevaux, nous pouvons
emprunter à Grison sa brutalité, à Newcastle et à Pluvinel
leurs moyens d'assouplissement. à la Guérinière la finesse et
la régularité, à d'Abzac la justesse et l'énergie, à notre époque la vigueur et le décidé.

Est-il de bon goût, je le demande, de venir contester le
savoir et le mérite des hommes dont je viens de parler?

Peut-on supposer qu'ayant fait du cheval l'étude de toute leur vie, ils n'aient pas connu les moyens d'en tirer parti, tout aussi bien et beaucoup mieux que les hommes qui font résider à présent toute leur science dans le dressage de quelques malheureux chevaux de manége, et qui, n'ayant aucune idée de l'emploi du cheval dans nos usages habituels, s'efforcent d'étouffer, par leurs moyens de répression, ces qualités, ces mouvements, cette vigueur dont l'ancienne équitation pressentait tous les avantages, et que nous avons su conquérir par l'introduction du sang dans la fabrication de nos races?

Rien n'était plus conséquent, au contraire, que nos anciens écuyers : pourquoi Grison avait-il de la brutalité? c'est parce que les chevaux de son temps étaient lourds et apathiques : manquant d'espèce, et par conséquent de sensibilité, ils avaient besoin d'être plus fortement excités.

Tout en cherchant à réveiller leur action, tout en cherchant à les rendre liants, il recommandait surtout de ne pas trop leur assouplir l'encolure ; il comprenait qu'un cheval *lasche de col*, comme il le disait, perdrait de son perçant ; c'est au moyen des attaques violentes de l'éperon qu'il réveillait l'action, qu'il assouplissait l'arrière-main pour obtenir les voltes, les posades, les courbettes, les demi-tours ; tandis que pour donner aux épaules une légèreté qui leur manquait, il conseillait de promener les chevaux dans les guérets frais labourés, dans des chemins pierrés, dans les rivières, dans la mer,

Frédéric Grison.

pour les engager à lever les jambes et donner par là du développement aux épaules. Il cherchait aussi à entretenir l'action en faisant parcourir avec furie des distances plus ou
moins longues; mais, comme je viens de le dire, il recommandait particulièrement de ne pas trop briser l'encolure, sachant
fort bien que chez des chevaux qui n'ont ni trop d'énergie ni
trop de vitesse, il faut éviter de laisser prendre un pli qui
peut amoindrir cette vitesse et cette énergie. Il avait reconnu
que le cheval de son époque, qui *n'était pas ferme de col*,
n'était pas un bon cheval de guerre, et que souvent trop de
flexibilité dans cette partie lui donnait de l'incertitude et des
moyens de défense.

Lorsqu'il s'agissait d'obtenir des mouvements précipités [1].
son travail le plus habituel, une fois que le cheval était familiarisé à l'homme et que ce dernier l'avait promené par la
campagne, était de lui faire exécuter des passades et des
voltes, c'est-à-dire d'aller et de revenir toujours sur une
même piste, appelant la ligne droite que l'on parcourait, la
passade, et la volte, le tournant exécuté pour revenir sur la
ligne que l'on venait de parcourir.

La volte se faisait par un tournant simple, et quelquefois
sur les hanches, ou par un demi-tour.

Lorsqu'au bout de la passade on revenait par un demi-
tour, la perfection était, avant de tourner, de faire faire une

---

[1] Le cheval du temps de Grison n'est-il pas le type, ou du moins n'a-t-il
pas beaucoup d'analogie avec les chevaux de notre grosse cavalerie?

posade au cheval, c'est-à-dire de l'arrêter vigoureusement et de le renfermer alors dans la main et dans les jambes, de façon à lui faire faire la jambette, c'est-à-dire lui faire plier la jambe du devant, de la main à laquelle il se trouvait, et la maintenir ainsi pliée jusqu'à ce que le demi-tour fût exécuté. Je citerai tout à l'heure le texte de Grison, pour expliquer l'action des jambes du cavalier, lorsqu'il faisait exécuter les tournants et les voltes ; on verra que le principe de se servir de la jambe gauche pour faciliter le tournant à droite, *et vice versâ*, n'est pas du tout nouveau, comme le disent les innovateurs, qui ne comprennent pas, prétendent-ils, comment on est resté jusqu'à ce jour sans faire connaître cette action. Tout homme sachant monter à cheval sait qu'il y a deux manières d'exécuter un tournant : la première en faisant marcher l'arrière-main, la seconde en faisant marcher les épaules. Quand le cheval est en place ou très-maintenu dans la main, si on veut le tourner à droite sans que les épaules se déplacent, la jambe droite du cavalier agit pour redresser les hanches du cheval à gauche, ce qui exécute le tournant à droite ; quand au contraire le cheval marche, et que l'on tourne à droite, la jambe gauche du cavalier doit agir pour soutenir la hanche gauche, afin de maintenir l'action transversale des jambes du cheval; car, en agissant autrement, il se désunirait. Si l'on pouvait ne pas savoir cela avant Grison, depuis nous ne devons pas l'ignorer. Laissons-le parler :

« Pour vous faire plus clairement entendre, et avec la vraie

« raison et sans fausseté, comment il faut aider au cheval
« avec les éperons quand on le manie, je vous dis que quand,
« au bout de la passade, vous le voulez volter à main droite,
« il vous le faut aider du côté opposite avec l'éperon gauche,
« et l'arrondir ensemblement avec l'autre éperon, afin qu'il
« aille juste et qu'il retourne à sa route. Et le voulant volter
« à main gauche avec semblable ordonnance, le vous faudra
« pareillement aider avec l'éperon droit, et en même temps
« l'arrondir avec le gauche; et par ce moyen, il ira juste et
« correct, toujours en un même rond, sans s'avancer plus
« d'un côté que de l'autre. Et vous faut bien noter qu'aucune
« fois il le faut aider au commencement de la volte, autre
« fois au milieu, et autre fois à l'instant qu'il la clot; et lors-
« qu'il la clot, ne faut pas que l'éperon, qui arrondit la volte,
« batte à per ains, ira en même temps battre un peu plus en
« arrière que l'autre, qui bat au long des sangles, au côté
« opposite, comme il est besoin. Et en cela sourd une grande
« difficulté pour savoir bien connaître le sentiment du che-
« val, et le piquer à temps, et le poindre plus ou moins,
« selon qu'il en est besoin; ce que je ne vous puis bonne-
« ment exprimer de paroles; mais la pratique et l'expérience
« vous en feront sages. »

Grison comprenait parfaitement, comme nous, les oppositions et les résistances, les actions et les soutiens qui servent
à mettre le cheval en mouvement et à le maintenir. S'il usait
quelquefois de moyens plus violents, c'est qu'il avait à faire

à une espèce plus brutale, moins sensible. Si nous avons eu
des chevaux assez fins pour comprendre les moindres indi-
cations, n'en avons-nous pas rencontré quelquefois d'autres
sur lesquels la correction qu'il indique aurait pu être appli-
quée avec succès?

« Je vous advise que quand le cheval use de quelque ma-
« lice, comme de branler la tête, se lever debout, ou s'appuyer
« sur la bride, ou bien quand il fera d'autres notables fautes,
« lors vous lui donnerez le châtiment avec une voix horrible
« et effrayante, et ireusement direz, avec un cri âpre et mena-
« çant, celle de ces paroles qui vous viendra plus à gré : Or
« sus, or sus; or là, or là; ah traître! ah ribaud! tourne,
« tourne, tourne; arrête, arrête; tourne ci, tourne là, et
« autres semblables, pourvu que le cri soit terrible, et que
« vous disiez paroles qui vous sembleront plus conformes et
« plus propres à intimider le cheval pour sa correction; et
« continuerez d'ainsi faire jusqu'à ce qu'il se revienne et
« corrige de sa faute; et le ferez la voix plus haute, selon
« que sa faute sera plus ou moins grande. »

Malgré tout ce qu'il peut y avoir d'original dans cette leçon,
bien qu'il recommande le châtiment fort et ferme quand il
le croit utile, il comprenait parfaitement le cheval, savait le
point où il devait être amené, et connaissait les moyens d'y
arriver. La dernière citation que je vais faire de lui est en
quelque sorte le résumé de sa manière de voir et de ses
principes.

« Mais ne pensez pas que pourtant le cheval, bien qu'il
« soit proportionné et organisé de nature, puisse de soi-
« même bien faire, et se manier sans le secours humain et
« la vraie doctrine? partant, lui faut-il avec l'art, recueillir
« les membres et les vertus occultes qui sont en lui; et selon
« le vrai ordre et la bonne discipline, la vertu sera plus ou
« moins éclaircie. Ains, au contraire l'art, quand il est mau-
« vais et faux, ruine et anéantit le cheval, et lui couvre et
« assoupit toute la vertu; comme aussi étant bon et vrai, il
« supplée à beaucoup de parties où nature lui a défailli, et
« vraiment à juste cause les Latins ont appelé le cheval
« *equus*, qui ne signifie autre chose que juste, pour ce qu'outre
« les autres raisons que les anciens en ont données, il faut
« que le cheval soit en tout et partout juste par mesure, juste
« au pas, juste au trot, juste au galop, juste à la carrière,
« juste au parer, juste au manier, juste au saut, et finale-
« ment, juste de tête, et juste quand il est sur les pieds
« arrêté, et encore juste et uniment mesuré selon la volonté
« de celui qui le chevauche. En outre cela, il lui faut le pas
« élevé, le trot libre et délié, le galop vigoureux et gaillard,
« la carrière viste, les sauts justes, amassés et amoncelés, le
« parer léger, le maniement sûr et prompt. Et pource que
« le cheval naturellement du jour qu'il sort du ventre de la
« mère, va le pas, le galop, et court, et ne fait rien moins,
« et avec plus grande difficulté que le trot; à cette cause,
« quand vous serez dessus, prenez toujours garde à l'y aduire

« et rendre léger : car par ce moyen il deviendra plus juste
« et plus aisé à conduire à la perfection de toutes les autres
« vertus, lesquelles particulièrement, puis après vous con-
« naîtrez évidemment, car de ce trot le cheval vient à prendre
« au pas, agilité ; au galop, gaillardise ; à la carrière, vitesse ;
« au saut, reins et force ; au parer, légèreté ; au maniement,
« sûreté et grande dextérité ; à la tête et au col et à la voûte
« du col, fermeté incroyable ; et à la bouche, doux et bon
« appui qui est le fondement de toute la doctrine. »

Le dressage du cheval, comme l'entendaient Grison et ses
prédécesseurs, s'adressait à une espèce généralement com-
mune, pesamment chargée et destinée au combat. Quand
Pluvinel et Newcastle arrivèrent, l'équipement de guerre et
les costumes devinrent plus légers, et l'on employa des races
moins pesantes ; car, au nombre des chevaux en usage, il
s'en trouvait d'espagnols et de barbes. Non-seulement alors
le travail devint plus fin en raison de l'espèce de chevaux,
mais encore en raison des nouveaux usages. Les tournois où
les chevaliers bardés de fer venaient se heurter les uns contre
les autres, rompant leurs lances, et se livrant combat à ou-
trance avec la hache d'armes, avaient fait place aux carrousels, dans lesquels le chevalier d'alors, vêtu beaucoup plus
légèrement, venait plutôt faire briller son adresse que son
courage. Il existait donc une double raison pour demander
aux chevaux un travail plus fini, puisque les futilités du
spectacle devaient remplacer les simples besoins de la guerre.

L'équitation, renfermée par Pluvinel dans les murs du manége, allait nécessairement devenir plus régulière et plus raccourcie ; le travail plus compliqué des reprises, la variété des airs, tout ce qu'on voulait enfin exiger du cheval à cette époque, amena l'obligation de le posséder davantage, de le tenir à des allures plus raccourcies, et par conséquent de l'assouplir bien plus que précédemment. C'est pourquoi Pluvinel, tout en gagnant et assouplissant l'arrière-main comme Grison, dut, à l'égard de l'avant-main, agir autrement que lui. Si Grison, pour conserver du perçant au cheval, recommandait de ne pas le rendre *lasche de col*, il était tout naturel que du jour où l'on voulait détruire ce perçant pour raccourcir les allures, il fallait faire le contraire de ce que recommandait Grison. Pluvinel chercha donc à combattre les *forces de l'encolure*, et les détruisit en les assouplissant, afin d'arriver à son but.

Nous verrons tout à l'heure de quels moyens il se servait, et s'ils n'avaient pas beaucoup d'analogie avec ceux qu'aujourd'hui on nous présente comme nouveaux ; s'ils en diffèrent, c'est qu'ils étaient employés avec beaucoup plus de discernement.

Dans la leçon que Pluvinel donne à Louis XIII, il s'exprime en sujet respectueux, ne parle pas en vantard de son talent. Il répond aux questions que lui adressent le roi et le grand écuyer, M. de Bellegarde, avec la modestie qui appartient au mérite.

Le roi demande à M. de Pluvinel :

« La voye et l'ordre qu'il emploie pour dresser les che-
« vaux, et les rendre adroits à manier, avec cette grande faci-
« lité qu'il reconnaît en tous ceux de son école. »

Pluvinel répond :

« Sachant par la pratique et par le long usage que le che-
« val ne se peut dire dressé qu'il ne soit parfaitement obéis-
« sant à la main et aux deux talons, je n'ai pour but pour
« réduire mes chevaux à la raison que ces deux choses, d'au-
« tant qu'il est très-certain que tout cheval qui se laisse con-
« duire par la bride, qui se range de çà et de là, s'il se relève
« devant et derrière à la volonté du cavalier, je l'estime bien
« dressé, et doit manier juste selon sa force et sa vigueur.
« Or, pour arriver à gaigner ces deux points, *j'ai cru par ma*
« *méthode* en avoir abrégé les moyens de plus de moitié du
« temps ; mais pour autant que la perfection d'un art con-
« siste à sçavoir par où il faut commencer, je me suis très-
« bien trouvé en celui-cy, de donner les premières leçons au
« cheval (sans être monté), parce qu'il treuve le plus diffi-
« cile, en recherchant la manière de lui travailler la cervelle
« plus que les reins et les jambes, en prenant garde de l'en-
« nuyer, si faire se peut, et d'étouffer sa gentillesse, car elle
« est aux chevaux comme la fleur sur le fruit, etc..... Sachant
« donc que le plus difficile est de tourner, je le mets autour
« d'un pilier, comme je vais dire à Votre Majesté, afin que le
« faisant cheminer quelques jours, il nous montre sa gen-

« tillesse, et tout ce qui peut être en lui, afin de juger à quoi
« il sera propre, en laquelle sorte il faut le conduire. Ce que
« je fais bien plus facilement à un lieu où il est retenu, parce
« qu'on a le loisir de voir mieux tous ses mouvements que
« s'il était sur sa foi avec un homme sur lui, d'autant qu'à
« ces premiers commencements, le naturel du cheval est
« d'employer toute sa force, son industrie pour se défendre
« de l'homme, ce qui lui est très-aisé en travaillant à une
« autre méthode que la mienne..... C'est l'occasion, Sire,
« qui m'a fait rechercher plus soigneusement la méthode de
« laquelle j'use pour ce que, par autre voye, il me serait im-
« possible de réduire quantité de chevaux que l'on m'amène,
« dont la plupart ont de mauvaises qualités. »

Travail du cheval autour du pilier.

Le résumé de l'emploi du pilier, d'après Pluvinel, est de

plier, d'assouplir l'encolure du cheval, et d'assouplir les
hanches. Après avoir travaillé ainsi le cheval quelque temps,
il passe au travail des deux piliers, pour arriver à un travail
plus contraint que sur un seul pilier.

« Après avoir commencé la leçon autour du pilier, je l'at-
« tache entre deux piliers de la forme suivante; et avec le
« manche de la houssine, le fais marcher de çà et de là d'au-
« tant que le cheval se trouve grandement contraint du cave-
« çon en ce lieu-là plus qu'à un autre. Une fois soumis à ce
« travail, on pourra le ramener autour du pilier; raccour-
« cir la corde du caveçon, et lui tenant la tête proche du
« pilier, le faire cheminer des hanches avec le manche de la
« gaule, etc. »

Le cheval entre les deux piliers.

(Pluvinel.)

Puis il revient aux deux piliers quand le besoin échoit.

« Ces moyens sont très-excellents, dit Pluvinel, en ce que
« le prudent et judicieux chevalier peut remarquer en quoi
« son cheval est capable, de quelle humeur il est; sans faire
« courre fortune à aucun homme, il lui apprend par la com-
« binaison de ces moyens à aller au pas, au trot, au galop,
« et quelque temps terre à terre, à cheminer de côté de çà
« et de là, et à se donner châtiment plus à propos du cave-
« çon[1] qu'aucun homme ne saurait faire en cas qu'il se voulût
« transporter hors de la piste; de plus, en continuant cette
« leçon il en réussit encore trois grands biens : le premier,
« que jamais les chevaux ne sont forts en bouche; le second,
« qu'on n'en voit pas de rétifs; le troisième, qu'ils ne peuvent
« devenir entiers ou opiniâtres, ou revêches à tourner à
« main droite ou à main gauche, qui sont les plus grands
« défauts qui se rencontrent souvent aux chevaux igno-
« rants. »

Tout ce travail a une bien grande analogie avec ce qu'on
appelle aujourd'hui le travail sur place pour assouplir l'encolure; il n'y a que cette différence, c'est que la nouvelle méthode brise et assouplit indistinctement tous les chevaux;

---

[1] Je lis dans un livre imprimé en 1833, intitulé : *Dictionnaire d'équitation*, que, pour rendre un cheval facile au montoir, l'auteur a trouvé qu'il
fallait employer le caveçon, etc. C'est un moyen employé en équitation depuis
que le caveçon existe; je ne conçois pas comment on a pu avoir la pensée
d'offrir cela comme de soi.

tandis qu'avec celle de Pluvinel, *le prudent et judicieux chevalier peut juger de quoi son cheval est capable.*

Nous verrons plus tard que Newcastle va beaucoup plus loin que Pluvinel pour tous ces assouplissements. On pourra juger les analogies.

Pluvinel ne met l'homme à cheval que lorsque ce dernier *exécute volontairement et avec gaillardise* les leçons ci-dessus avec la selle, la bride et les étriers tombants.

« Comme la plus grande difficulté du cheval est de tour-
« ner, et la plus grande incommodité de souffrir la bride, j'ai
« toujours maxime de commencer par le plus difficile, etc.
« Une fois l'homme à cheval, il faut tenir la bride, et assurer
« la main pour donner au mors le point d'appui. Si le che-
« val maintenu entre les deux piliers se refuse à le prendre,
« il faut le pousser sur la main avec l'aide de la chambrière
« et de la houssine; lorsque le cheval est bien appuyé sur la
« main, il faut arriver à la connaissance de l'action des
« talons [1]. »

Ce travail se faisait aussi dans les piliers. N'est-ce pas encore le travail sur place, et la reproduction du travail des hanches et du système des attaques que l'on prétend avoir inventés en 1840 ?

Il suffira pour en être convaincu de laisser parler Pluvinel.

---

[1] Les talons étaient toujours armés des éperons. Quand les anciens écuyers parlaient de l'attaque du talon, il était bien entendu que c'était une attaque de l'éperon.

Tout le monde doit savoir que l'équitation du dix-septième siècle s'attachant à provoquer des mouvements élevés et brillants était très-ralentie, et nécessairement devait être pour cela fort assise. Elle ne pouvait amener ce résultat que par l'emploi presque continuel de l'éperon; aussi travaillait-on les chevaux pour les amener à cette connaissance parfaite.

A la question que fait le roi pour savoir comment on fait comprendre l'aide des talons, Pluvinel répond :

« Je déclarerai à Votre Majesté ce qu'elle désire, qui est
« que rencontrant un cheval fort sensible aux talons, pour
« commencer à les lui faire souffrir, estant bien assuré dans
« sa cadence, je fais toujours, ou le plus souvent selon le
« besoin, commencer la leçon au pilier seul, ou le faisant
« aller sur les voltes; lorsqu'il est en train, je tâche tout
« doucement à le piquer le plus délicatement que je puis,
« d'un talon ou de l'autre selon le besoin, ou de tous les deux
« ensemble un temps ou deux s'il le souffre, lui faire con-
« naître avec caresse ce qu'on désire; s'il ne l'endure pas, je
« le fais placer entre les deux piliers, les cordes courtes, et
« l'élevant le fais pincer doucement; s'il se détraque de sa
« mesure, je le redresse derrière sur la croupe avec la hous-
« sine, et en lui aydant, je fais en sorte que celui qui est
« dessus continue à le pincer, afin qu'il remarque qu'il faut
« répondre à l'aide des talons, comme à celui de la hous-
« sine, chose qui sera bientôt apprise, etc. »

Pluvinel entre dans de longs détails pour amener le cheval

trop sensible, comme le cheval trop froid, à supporter et à
comprendre le *pincer de l'éperon*.

« Qu'entendez-vous, dit le roi, par *pincer?*

« Sire, pincer son cheval, lorsqu'il manie, est presser tout
« doucement les deux éperons, ou l'un d'iceux, contre son
« ventre, non de coup, mais serrant délicatement, ou plus

Leçon au pilier seul, pour faire marcher le cheval sur les voltes
et faire connaître l'éperon.
(Pluvinel.)

« fort selon le besoin à tous les temps, ou lorsque la néces-
« sité le requiert, afin que par l'accoutumance de cette aide,
« il se relève un peu, ou beaucoup, selon l'affermance de
« laquelle le chevalier advisera. Cette aide qui est véritable-
« ment tout le subtil de la vraie science, et pour le chevalier
« et pour le cheval, que j'ai nommée la délicatesse princi-

de Pluvinel sur le Bonite.

« pale de toutes les aides dont *l'intelligence est la plus néces-*
« *saire à l'homme et au cheval*, et sans laquelle il est impos-
« sible au chevalier de faire manier son cheval de bonne
« grâce ; d'autant que le cheval n'entendant, ne cognoissant
« et ne souffrant les aides des talons, s'il a besoin d'être
« *relevé, animé,* ou *châtié,* il n'y aura nul moyen de le faire,
« car le coup d'éperon est pour le châtiment, et les jambes et
« la fermeté des nerfs, pour les aides ; mais où il ne répon-
« drait pas assez rigoureusement aux aides de la jambe, il
« faudrait en demeurer là, si le cheval ne souffrait le milieu
« d'entre le coup d'éperon et l'aide de la jambe, qui est le
« pincer que je viens de dire, et que fort peu de gens pra-
« tiquent volontiers par faute de savoir. »

Les gens qui ne pratiquaient pas le pincer de l'éperon, et
qui pouvaient l'ignorer du temps de Pluvinel, étaient sans
doute semblables à ceux de nos jours qui se servent tout simplement du cheval comme moyen de transport, et qui ne
recherchent pas le subtil de l'art.

Au surplus, est-il possible de mieux définir l'emploi de
l'éperon, lorsqu'il est employé comme aide ? qu'il soit appelé
attaque, ou pincer, tout ceci n'est qu'un travestissement pour
donner le change. Si M. de la Guérinière n'en a pas donné
une définition très-claire pour notre époque, elle l'était pour
la sienne, où les principes de Pluvinel et de Newcastle étaient
connus et encore en vigueur. Il en est de même de ce qu'on

appelle aujourd'hui le *rassemblé. Qu'est-ce que rassembler un cheval*, si ce n'est le posséder dans la main et dans les jambes? Peut-on trouver une définition meilleure que dans Pluvinel :

« En usant bien à propos de cette leçon, elle relève,
« allégit le cheval; elle le résoud, l'affermit sur les hanches,
« l'assure dans sa cadence, lui fait recevoir franchement les
« aides de la main et des talons, lesquelles choses le rendent
« plus agile à tout ce qu'on désire de lui, et par conséquent
« lui en facilitent les moyens. »

Avions-nous besoin de voir appeler à son secours des mots abstraits et scientifiques pour définir le *rassemblé*, expliqué par Pluvinel d'une façon aussi simple que claire? Il n'est question dans le livre de Pluvinel que des moyens d'assouplir le cheval, de le renfermer dans la main et dans les talons, tout ceci n'est-il pas encore du *rassemblé?* Je terminerai cette analyse sur l'ouvrage de Pluvinel en citant ce que dit le duc de Bellegarde à propos du cheval nommé *le Bonite.* On trouvera la preuve déjà acquise, d'après ce que j'ai cité plus haut, que jadis les chevaux n'étaient pas plus qu'aujourd'hui une espèce à part qui allait toute seule, et que l'art de l'écuyer y était pour quelque chose.

« Le Bonite, le parangon certes de tous les manéges du
« monde, tant pour sa beauté que pour son excellence à
« manier parfaitement et de bonne grâce, terre à terre et

Il monte avec les mains les éperons, et gaule
Le cheval de Pégase qui vole en caprioles,
Il monte si haut qu'il touche de sa tête les cieux,
Et par ses merveilles ravit en extase les dieux, etc.

(Newcastle.

« courbettes, avec tant de justesse et d'agilité, que ce n'est

« pas sans cause qu'il s'appelle le Bonite.

« Sire, dit monsieur de Bellegarde, monsieur de Pluvinel

« a raison de vous montrer ce cheval comme un chef-d'œuvre ;

« car il est vrai que M. de la Broue, très-excellent en l'exer-

« cice de la cavalerie, après l'avoir fait longtemps travailler,

« et fait voir à feu M. le connétable, ils le jugèrent tous deux

Le Bonite, cheval dressé par Pluvinel, et sur lequel le roi Louis XIII
a pris ses premières leçons.

« incapable de pouvoir jamais bien manier, à cause de son

« impatience, de sa tête mal assurée, etc... Néanmoins quel-

« que jugement qu'en fissent ces excellents hommes, mon-

« sieur de Pluvinel m'assura de le rendre à la perfection, ce

« qui m'obligea de lui abandonner mon cheval pour le dres-

« ser et manier à toute sa volonté, à quoi il travailla, de sorte

« que par sa patience et son industrie, il lui gagna la tête, et

« lui donna le parfait appui de la main, etc... En sorte qu'au
« bout de très-peu de jours, il me le montra à Fontaine-
« bleau, où il le fit manier à courbettes, par le droit, après
« deux voltes à main droite, toutes d'une haleine, sans sortir
« d'un rond à peu près de la longueur du cheval, et puis le
« fit manier en avant, en arrière, de côté, de çà et de là, et
« à une place, en faisant courbettes de côté, et changeant
« tout en l'air, retombait de l'autre côté tant de fois qu'il
« plaisait au chevalier, ce qui me fit appeler ces mouvements
« la sarabande du Bonite. »

Qu'on lise l'ouvrage de Pluvinel, il est impossible d'y
trouver des idées plus saines et plus justes; elles pourraient
servir de base à toutes les équitations présentes et futures.

A peu près dans le même temps que Pluvinel, arriva le
marquis de Newcastle; mais celui-ci se pose en novateur. Il
ne dit pas, comme Pluvinel, que sa méthode est bonne; il ne
blâme pas les écuyers qui n'agissent pas tout à fait comme
lui. Tout ce qui a existé avant lui n'a rien su; il dit comme
certains auteurs de nos jours : « J'écris de la façon la plus
« courte qu'il m'est possible, non pas aux élèves, mais aux
« maîtres, l'art de bien dresser les chevaux, lequel n'a jamais
« été connu. »

L'avant-propos de Newcastle, trop long à rapporter ici, a
pu avec celui de Pluvinel servir de texte à d'autres avant-
propos écrits tout récemment. Ce sont les mêmes pensées
remises à neuf.

Quant à l'intitulé de son livre, vous voyez :

« Méthode nouvelle, Invention extraordinaire de dresser
« les chevaux, les travailler selon la nature, et parfaire la
« nature par la subtilité de l'art, laquelle n'a jamais été
« trouvée que par le très-noble et haut puissant marquis de
« Newcastle. »

(Ceci se passait en 1650).

En lisant les légendes écrites au bas de chaque gravure
représentant Newcastle, vous voyez la même présomption.

Après l'homme, le cheval, le plus noble animal,
Est rendu par ce seigneur si juste et si égal,
Par cette méthode que tout le monde admire.
Qu'on voit aisément qu'il est sujet de son empire.
Son assiette si belle, ses aides si secrettes,
Tout à la négligence encore si bien faites,
Nous sont un argument assez valide et puissant
Qu'il est à ses talons et bride obéissant,
Et que tous les chevaux sont assujettis à sa loi,
Puisqu'ils lui obéissent comme à leur propre roi.
    S'il montait un diable très-robuste,
    Ce diable irait en tous airs fort juste.

(Newcastle)

Pour arriver à des résultats paraissant aussi prodigieux, analysons les principes de Newcastle.

A la demande qu'on pourrait lui faire de savoir combien de temps il faut pour dresser un cheval, il répond : « Cela « dépend de sa force, de son âge, de son esprit et de ses « dispositions. Ils ne peuvent pas tous avoir les mêmes qua- « lités, pas plus que tous les peintres ne peignent de la même « manière ; que les danseurs ne dansent de la même façon. « Mais enfin, si un cheval est docile, propre, a des esprits et « de la force, on pourra le dresser en trois mois, c'est-à-dire « en quarante-cinq leçons. D'une chose vous puis-je répondre, « que quelque autre dresse un cheval, et le parfasse par son « industrie, cette mienne méthode nouvelle le parfera en « moins de la moitié de temps que lui, et il ira encore mieux « et plus juste ou parfaitement, ce que j'ai vu faire à peu de « chevaux que les autres dressent. »

Quels sont donc les moyens employés par Newcastle? c'est encore, dans le début, de placer la tête au cheval et de lui assouplir l'encolure, après les explications préliminaires pour familiariser le poulain.

« Il faut, dit-il, que le cavalcador lui place le plus qu'il « pourra la tête, et peu à peu, et quoiqu'il gagne sur lui, soit « sur la tête, soit sur la bouche, il ne doit pas lui donner de « liberté, mais l'y garder en gagnant tous les jours de plus « en plus sur lui, jusqu'à ce qu'il ait placé sa tête au lieu « qu'il veut qu'elle soit; alors il doit la garder là, le travail-

Marquis de Newcastle.

« lant en bas, avec le bas de la main. » Ceci ressemble bien
au travail en place nouvellement trouvé. Il continue : « Trot-
« tez-le alors sur des cercles larges au commencement, et
« tirez toujours la rène de dedans du caveçon, afin que non-
« seulement il regarde la volte, mais aussi qu'il ait la croupe
« plutôt dehors que dedans, etc. La principale chose est de
« gagner la tète du cheval et de lui donner bon appui ; car,
« pour sa croupe, elle est aisée ; ce qui m'a fait étonner de
« voir des cavaliers commencer par la queue ou croupe du
« cheval. Si vous placez la tète du cheval, vous pourrez en
« faire ce que vous voudrez ; si vous ne lui assurez la tète,
« vous n'en ferez jamais un cheval parfait ; car vous n'avez
« en tout que la main et les talons[1] pour le dresser, et la
« meilleure partie vous manquera. »

Passons à la posture de l'homme à cheval. Il voudrait
« qu'un homme fût placé sans formalité ; je n'ai jamais vu
« aucune formalité qui ne m'ait semblé rapprocher du simple
« et du niais. Celui qui n'est pas bel homme à cheval ne peut
« ètre bon homme de cheval. »

Il poursuit : « Quant aux rênes de la bride et du caveçon,
« je vous enseignerai aux discours suivants ce qui n'a jamais
« été connu jusqu'ici. »

Newcastle indique alors la manière de se servir de son
caveçon. « Je prends une longue rène qui a un petit anneau

---

[1] Les talons, avec Newcastle et Pluvinel, s'entendent armés d'éperons.

« attaché à un bout ; je mets l'autre bout de la rêne dans cet
« anneau ; je la mets autour du pommeau de la selle, et l'y
« attache ferme, pour y demeurer sans remuer ; et après, je
« mets la rêne en bas, et la fais passer dans le liége de la
« selle ; alors je remets la rêne à l'anneau du caveçon, droit
« en avant, et fais revenir le bout de la rêne dans ma main.
« J'en fais autant de l'autre côté, etc. Cette sorte de caveçon
« est très-excellente pour assurer la tête d'un cheval, lui don-
« ner le vrai pli de son corps, lui préserver la bouche, etc. »

Premier assouplissement de Newcastle, la rêne fixée au siége
de la selle.

Il n'est pas douteux que cette manière d'obtenir le pli de
l'encolure ne soit préférable à cette espèce de variante que
l'on veut faire admettre aujourd'hui. Ce pli obtenu, en com-

primant dès le principe les barres du cheval, peut amener à offenser la bouche ; ou si le cheval cède à cause de la sensibilité de ses barres, ce pli, obtenu trop promptement, peut amener une contraction au lieu d'un assouplissement.

Newcastle insiste pour l'assouplissement. « Il ne suffit pas « de tourner un peu la tête ou le col en dedans de la volte ; « mais on doit lui donner un pli total depuis le nez jusqu'à « la croupe. Je vous ai montré comment il le faut faire ; « car, quant à ce que aucuns disent que ce lui rendra le col « débile, je n'y saurais dire autre chose, sinon que ces cava- « liers ont l'entendement débile, qui voudraient que par leur « travail leur cheval ait le col roide, sans être capable de « tourner. »

L'assouplissement de l'encolure avec la rène du banquet de la bride.

Si l'on continue à consulter Newcastle, que l'on peut considérer comme un partisan outré des assouplissements et des moyens de sujétion, on verra néanmoins que tout en conseillant d'asseoir et d'assouplir les chevaux, il veut avant toute chose qu'ils soient d'abord exercés de façon à être rendus francs devant eux. En effet, c'est la condition première et indispensable, quel que soit ensuite le travail auquel on veuille soumettre un cheval.

La leçon suivante de Newcastle, qui a lieu sur un jeune cheval, servira à prouver ce que j'avance.

« Quand le cheval trotte, disait-il, le cavalier le doit pous-
« ser un peu plus vite avant que de l'arrêter, et l'arrêter
« incontinent; après, tirant la rêne de dedans du caveçon un
« peu plus fort que l'autre, et un peu plus vers son col,
« mettant le corps un peu en arrière, afin que le poids oblige
« le cheval à se mettre sur les hanches. Il faut, sur toute
« chose, que le cheval ne se relève point, mais seulement
« qu'il s'arrête sans se relever; car c'est le moyen de gâter
« un cheval que de l'apprendre à se lever avant qu'il trotte
« et galope franchement. » Et il ajoute : *Il faut prendre garde de ne le lever*, c'est-à-dire l'asseoir, le mettre sur les hanches, *qu'il n'obéisse franchement aux éperons tant au trot qu'au galop.*

Ce qui prouve que tout en considérant l'aide de l'éperon comme indispensable pour soutenir l'arrière-main, et la mettre dans le cas de supporter des arrêts tendant à relever le cheval, à l'asseoir et à le rassembler, il pense avec raison que la première connaissance de l'éperon doit s'acquérir en poussant d'abord le cheval en avant.

Newcastle poursuit : « Trotter et arrêter un cheval sont le « fondement de tous airs ; placer sa tête et sa croupe, le met « sur les hanches et le fait léger du devant ; aller en arrière, « assurer la tête, le mettent sur les hanches, et le rendent « léger du devant. En mettant la tête au mur, on lui apprend « à connaître l'aide de l'éperon ; on lui gagne ainsi les hanches « et l'asseoit. »

Ici la muraille remplace les deux piliers de Pluvinel ; Newcastle n'est pas partisan des piliers ; mais les résultats sont toujours les mêmes. Il s'agit, pour habituer le cheval à connaître l'action de l'éperon comme aide, de l'empêcher de se porter en avant. Ainsi, qu'il soit maintenu vis-à-vis d'un mur, dans les piliers, ou tenu par un homme au milieu d'un manége ou d'une carrière, tout ceci est pour arriver au même but. Que l'on appelle l'action de l'éperon, en cette circon- stance, ou le pincer, ou l'attaque, je demande si ce n'est pas exactement la même chose ?

Newcastle s'occupe très-spécialement de l'assouplissement de l'encolure, et en fait une méthode à lui ; au lieu de se servir des piliers, il commence, comme je l'ai indiqué, à l'assouplir en place sur le caveçon et la bride ; il le travaille ensuite en mouvement en agissant d'abord sur le caveçon.

« Après cet assouplissement sur le caveçon, je voudrais « que vous prissiez de fausses rênes et que vous les atta-

« chassiez, à ma mode, au banquet de la bride; mais donnez
« la liberté à la gourmette, en sorte qu'il a moins d'appré-
« hension de la bride; et son appui se fortifie tellement, que
« quand on travaille de la bride et par conséquent de la gour-
« mette, la bride le rend léger. Ceci est bon autant pour tous
« ceux qui ont trop d'appui que pour tous ceux qui en ont
« trop peu, et lui donne le pli de la même sorte que le cave-
« çon, sinon que le caveçon le travaille sur le nez, et les
« fausses rênes sur les barres; ce qui le rend très-sensible,
« comme il doit être, et du même côté des barres, comme la
« bride doit faire; ce qui l'accoutume tellement, que quand
« on le met avec la bride seulement et qu'il a l'aide de la
« gourmette, il va à merveille. »

Assouplissement de l'encolure avec la rêne de la bride.

Ceci ressemble bien à ce que l'on appelle aujourd'hui les flexions de mâchoires.

« Posez que vous ayez rendu votre cheval souple, et que
« vous lui ayez donné suffisamment le pli avec le caveçon,
« et après avec les fausses rênes, les rênes de la bride con-
« tinueront la souplesse de son corps, et travailleront à
« merveille sur les barres pour lui faire entendre la bride

Les rênes séparées dans les deux mains, travaillant
le dedans de la volte.

« seule ; en tenant les rênes séparées en vos deux mains,
« vous travaillerez toujours la rêne du dedans de la volte, et
« vous rendrez le cheval souple ; cette façon de le travailler
« est pour le rendre sensible à la gourmette, qui est finir
« votre travail pour la main.

« Cette façon de travailler est la quintessence de la cava-

« lcrie, car, au moyen de ces trois degrés, du caveçon, des
« fausses rênes et de la bride, on rend un cheval aussi par-
« fait, que c'est merveille. »

Newcastle entre aussi dans une longue dissertation sur la
distinction qui doit exister entre mettre un cheval sur les
hanches et l'acculer; il serait trop long de le suivre dans ses
préceptes; il finit enfin en disant que les aides de la main,
des cuisses, du gras de jambe et du pincement des éperons,
en un mot toutes sortes d'aides, doivent être plus douces au
pas qu'aux airs relevés.

« Le doux passage demande des aides douces, et les airs
« plus forts demandent des aides plus fortes; ce qui est con-
« forme à la raison. »

Si l'école de Grison, de Pluvinel, de Newcastle usait de
l'emploi de l'éperon comme aide, si elle en recommandait
l'application, néanmoins dans bien des circonstances, avec
de certaines natures de chevaux, elle échouait complétement.
Voici ce que disait de la Broue à cet égard : « S'il est rétif
« (le cheval) pour avoir été trop gourmandé et contraint, il
« faudra observer autant de douceur et de cérémonies, comme
« s'il estoit poulain. Je veux aussi que le cavallerice se sou-
« vienne que les esperons grands et fort piquants sont
« extrêmement contraires à l'école des jeunes chevaux. Les
« châtiments de ces esperons les pourront effrayer et rendre
« plus timides, et par conséquent les faire plus tost devenir
« rétifs, s'ils ne le sont, que déterminez s'ils sont ramingues.

« Et ceux qui seront sanguins ou colères s'en pourront aussi
« facilement desdeigner ou désespérer, au lieu de se rendre
« obéissants.

« Voilà d'où vient le plus souvent que les chevaux pissent
« de rage et d'effroy, ou qu'ils sont cherchant les murailles,
« ou s'arrêtent tout à fait, ou quelquefois, à faute d'autres
« remèdes, se couchent par terre, ou se mettent au hasard
« de se précipiter avec celui qui est dessus. »

Notez qu'à cette époque on ne livrait au travail que des
chevaux entiers ; mais si l'application de semblables moyens
s'était adressée aux juments, les trois quarts de celles sou-
mises à de semblables étreintes fussent devenues rétives.

Après avoir signalé le mal, il indique le palliatif dans le
chapitre suivant.

« Si le cheval est rebuté ou rétif pour avoir esté trop rude-
« ment et longuement exercé et trop asprement battu avec les
« esperons, il le faudra premièrement laisser séjourner jus-
« ques à ce qu'il ait reprins ses forces et premiers esprits ;
« et s'il n'est bien sain dedans le corps, il le faudra purger ;
« car estant malade ou plein de mauvaises humeurs, le ca-
« vallerice perdra le temps et la peine qu'il mettra, pensant
« le remettre en son premier et courageux estat, d'autant
« que cette indisposition le rendant par accident colère, mé-
« lancolique, quoiqu'il soit naturellement mieux composé
« et de bonne inclination, le pourra disposer à quelque
« mauvais vice. Mais estant sain, séjourné et bien nourry,

« on pourra après commencer de l'exercer à la campaigne,
« au large et en divers lieux, peu et souvent et sans espe-
« rons, évitant, tant qu'il en sera possible, toutes les occasions
« qui pourront le faire battre. Néanmoins, toutes les fois que
« le cavallerice cognoîtra qu'il se voudra arrèter et qu'il aura
« quelque dessein malicieux, il ne manquera de le braver
« et menacer à haute voix : et s'il est besoin, le fouettera à
« travers les fesses et le ventre avec un fouet ; et pour une
« plus grande facilité, il faudra estre secouru d'un homme
« qui suivra ce cheval sur un bidet ordinairement à vingt-
« cinq ou trente pas de distance, lequel se tienne toujours
« prest pour mettre diligemment pied à terre quand ce che-
« val rétif refusera d'aller en avant, et pour le chasser à
« grands coups de fouet sur les fesses et à travers les jambes,
« principalement s'il se défend en ruant. Il faudra aussi que
« le cavallerice soit curieux de le caresser quand il lui obeyra
« librement ; car la douceur est autant et plus nécessaire aux
« chevaux estonnez et rebutez qu'à ceux que l'on exerce
« pour leur apprendre ce qu'ils n'ont jamais sceu. »

L'école de la Broue, de Pluvinel, de Newcastle, se conti-
nua, tout en cherchant à se modifier, pendant la durée d'un
siècle. L'équitation du tournoi et du carrousel faisant insensiblement place à l'équitation militaire et à l'équitation de
chasse, il devait naître une transition qui apportàt nécessairement dans les principes un désordre, un conflit que
la Guérinière essaya de régulariser. Sa tâche fut d'autant

plus difficile qu'après Newcastle et Pluvinel, l'équitation trouva des interprètes peu d'accord dans la pratique de cet art. Les uns outraient les préceptes laissés par Newcastle, d'autres, au contraire, reconnaissaient la nécessité de les simplifier. La grande discussion à cette époque était, comme aujourd'hui, de savoir si l'on devait plus ou moins assouplir et rompre l'encolure pour bien tirer parti d'un cheval. Les uns voulaient un assouplissement simple, raisonné, calculé selon les chevaux : les autres, au contraire, appliquaient un assouplissement outré indistinctement sur toutes les natures.

Je citerai à cette occasion ce que disait, en 1756, Gaspard Saulnier, écuyer de l'université de Leyde : nous acquerrons encore la preuve que le système des assouplissements n'est pas nouveau, car voici ce qu'il dit :

Pages 37 et 38. « S'il s'agissait de plier un cheval comme « *du temps passé*, je conviendrai d'abord que le caveçon « serait encore le meilleur moyen pour plier le col du « cheval, et faire venir la tête. Ce pouvait *autrefois* être plus « difficile avec la bride, mais aujourd'hui le cheval ne doit « pas avoir le col plié comme un arc, ainsi que les anciens « l'ont prétendu. »

A la page 86, Gaspard Saulnier parle en homme qui a reconnu le danger de ces assouplissements, il s'exprime d'une façon un peu acerbe sur les gens qui, avec l'aide de ces moyens, veulent en imposer au public.

« J'ai vu des écuyers qui poussaient l'extravagance jusqu'à
« plier le cou des chevaux, de manière que leur tête venait
« jusqu'à la botte du cavalier; ils croyaient alors faire des
« merveilles et être fort habiles, et réellement ils passaient
« pour tels dans le public. C'est pourquoi je remarque que la
« pluralité des suffrages n'est pas toujours la marque la plus
« certaine de la capacité de ceux en faveur de qui l'on se
« déclare, puisqu'il se trouve dans toutes sortes d'arts plus
« d'ignorants que d'habiles gens. »

La Guérinière partage en cela l'opinion de Gaspard Saulnier : laissons-le parler.

« Je regrette que les grands maîtres, tels que les Duplessis
« et les de la Valée[1], qui firent tant de bruit dans les temps
« heureux de la cavalerie, ne nous aient point laissé de
« règles pour nous conduire dans ce qu'ils avaient acquis
« par une application sans relâche et d'heureuses disposi-
« tions. Je déplore cette disette de principes qui fait que les
« élèves ne sont point en état de discerner les défauts d'avec
« les perfections, et n'ont d'autres ressources que l'imi-
« tation. Les uns, voulant imiter ceux qui cherchent à tirer
« parti d'un cheval et de tout le brillant dont il est capable,
« tombent dans le défaut d'avoir la main et les jambes dans
« un continuel mouvement, ce qui est contraire à la grâce
« du cavalier, donne une fausse posture au cheval), lui fal-

[1] Écuyer de Louis XIV.

« sifie la bouche et le rend incertain dans les jambes. Les
« autres s'étudient à rechercher une précision et une justesse
« qu'ils voient pratiquer à ceux qui ont la subtilité de choisir
« parmi un nombre de chevaux ceux auxquels la nature a
« donné une bouche excellente, les hanches solides, et des
« ressorts unis et liants, qualités qui ne se trouvent que dans
« un petit nombre de chevaux. Cela fait, que les imitateurs
« de justesses si recherchées amortissent le courage d'un
« brave cheval, et lui ôtent toute la gentillesse que la nature
« lui avait donnée. »

« D'autres enfin, entraînés par le prétendu bon goût du
« public, dont les décisions ne sont pas toujours des oracles,
« et contre lequel la timide vérité n'ose se révolter, se trou-
« vent, après un travail long et assidu, n'avoir pour tout
« mérite que la flatteuse et chimérique satisfaction de se
« croire plus habiles que les autres. »

La Guérinière, dans son Traité d'équitation, tout en s'é-
tayant des principes de la Broue, de Pluvinel, de Newcastle,
élague de leur école ce qu'il croit inutile à la sienne. S'il
conserve encore des allures trides et relevées, il simplifie
beaucoup néanmoins le travail des anciens maîtres. L'ordre
qu'il introduit dans les reprises de manége est plus rationnel,
plus en rapport avec ce que l'on doit exiger du cheval dans
l'usage habituel. Les principes qu'il offre sont basés sur la
raison ; il ne pense pas que tous les chevaux puissent être
soumis au même travail, qu'ils puissent tous être dressés dans

le même laps de temps. Les exigences sont basées sur leurs moyens et sur leurs forces.

Les courbettes, les voltes doublées, les sarabandes, les terre-à-terre, et tous ces airs qui ne peuvent s'obtenir qu'en possédant les chevaux d'une façon extrême, et qui nécessitaient, pour entretenir l'action, l'emploi continuel de l'éperon, ayant fait place à un travail plus simple, les moyens pouvant servir à pousser l'assouplissement du cheval à son extrême degré, qu'employait généralement l'équitation de Newcastle et de Pluvinel, ne furent plus mis en usage par la Guérinière que dans l'exception.

La Guérinière, comprenant très-bien qu'un cheval ne peut être dressé que lorsqu'il est dans la main et dans les jambes, ce résultat ne pouvant s'obtenir que par l'assouplissement de

De la Guérinière.

Travail de l'épaule en dedans.

de la Guérinière.

l'encolure, la connaissance parfaite des jambes et du pincer
de l'éperon, usa de ces mêmes moyens pour soumettre les
chevaux à l'obéissance. Son travail favori, après avoir ar-
rondi le jeune cheval à la longe, après l'avoir mis assez en
confiance, et après avoir assez avancé son éducation pour lui
mettre le mors, est de faire exécuter le travail de l'épaule en
dedans.

« Cette leçon, dit-il, produit tant de bons effets à la fois,
« que je la regarde comme la première et la dernière de
« toutes celles qu'on peut donner au cheval, pour lui faire
« prendre une entière souplesse et une entière liberté dans
« toutes ses parties. Cela est si vrai, qu'un cheval qui aura
« été assoupli suivant ce principe, et gâté après à l'école ou
« par quelque ignorant, si un homme de cheval le remet
« pendant quelques jours à cette leçon, il le trouvera aussi
« souple et aussi aisé qu'auparavant. Cette leçon assouplit
« les épaules ; peu à peu le cheval se mettra sur les hanches,
« se disposera à fuir les talons, et lui donnera un bon appui
« de la main. »

Tout le travail de la Guérinière est pour arriver à l'assouplissement de l'avant-main et de l'arrière-main ; seulement,
il exigeait moins, parce qu'il voulait moins obtenir.

Il conseille encore de varier les assouplissements de l'encolure en raison de la construction du cheval. « C'est le pli
« qu'on lui donne en maniant qui met le cheval dans une
« belle attitude ; mais, prétend-il encore, le pli est expliqué

« différemment par les habiles maîtres. Les uns veulent qu'un
« cheval soit simplement plié en arc, qu'il n'ait qu'un demi-
« pli, dans lequel le cheval regarde seulement d'un œil, dans
« le cercle de la volte ; les autres veulent qu'il fasse le demi-
« cercle, c'est-à-dire qu'il regarde presque des deux yeux en
« dedans de la ligne. Il faut convenir que dans l'un et l'autre
« pli le cheval a de la grâce ; mais, selon moi, le pli en arc,
« qui n'est qu'un demi-pli, ne contraint pas tant le cheval,
« et le tient plus relevé du devant que dans celui où il est
« plus plié ; et dans cette dernière posture la plupart des
« chevaux sont encapuchonnés, c'est-à-dire baissent trop le
« nez et courbent l'encolure. »

Cette leçon de la Guérinière est pleine de raison : c'est au
cavalier à savoir discerner le point où doit être poussé l'assouplissement que l'on doit nécessairement varier en raison
de la nature des chevaux, de leur force, de l'emploi auquel
on les destine, loin de les assouplir et de les rompre tous indistinctement et de la même manière. Si le grand pli, dont
parle la Guérinière et qui tend à encapuchonner, peut être
employé utilement sur un cheval roide d'encolure et portant
au vent, qu'adviendra-t-il si l'on use du même assouplissement sur un cheval ayant le défaut de s'encapuchonner ?
On ne pourra nécessairement amener qu'un résultat dé-
plorable.

Les variations inévitables dans l'explication des principes
ne peuvent être jugées que par des hommes déjà assez exercés

pour avoir le sentiment du cheval; vouloir faire avec des recettes invariables un dresseur de chevaux du premier individu venu est une chimère que l'on ne peut accepter.

L'on a reproché à la Guérinière de n'avoir pas donné une assez longue explication du pincer délicat de l'éperon. Il me semble que sur ce point, comme sur les autres, il a été assez explicite. Du reste, était-il nécessaire qu'il s'étendit bien au long sur cette matière. Grison, Newcastle, Pluvinel, tous les auteurs avant lui en avaient parlé : tout homme de cheval, à l'époque de la Guérinière comme depuis, en connaissait parfaitement l'explication. Il faudrait alors reprocher à la Guérinière de n'avoir su prévoir l'oubli dans lequel tomberaient les traditions, et la manière dont elles sont interprétées de nos jours.

En régularisant les principes, la Guérinière fit faire à l'art un progrès incontestable. Admirateur de la Broue, de Newcastle, de Pluvinel, il les prit pour modèles. Pratiquant un travail qui tendait beaucoup à assouplir les hanches et les épaules, il conservait à la bouche une légèreté extrême, et ne considérait un cheval ajusté que lorsque, fidèle à l'action des jambes, à l'attaque ou au pincé de l'éperon, il se dirigeait et se maintenait placé du devant par la simple pesanteur des rênes.

L'école des d'Abzac, tout en suivant les préceptes de la Guérinière, dégagea complétement l'équitation de toutes ces superfluités, de toutes ces inutilités en vogue du temps de

Pluvinel, et que la Guérinière avait encore trop conservées, bien qu'il les eût cependant modifiées. Les d'Abzac voulaient une équitation moins restreinte et moins assise ; ils pressentaient déjà le changement qui devait un jour s'opérer dans cet art. L'introduction en France des chevaux anglais, montés par les grands seigneurs aux chasses royales, les courses, l'organisation plus large de notre cavalerie, commençaient à faire comprendre la nécessité de préparer les chevaux à marcher à des allures plus franches. Le talent de l'écuyer ne consistait plus alors seulement à faire parader, à fatiguer inutilement un cheval pour obtenir des airs relevés, mais bien à calculer ses forces, à les ménager, et à régulariser ses allures. On ne conservait du tride que ce qu'il en fallait pour donner au cheval de l'élasticité et du mouvement ; on ne l'assouplissait que pour le rendre liant et le soumettre à la volonté du cavalier.

A côté des d'Abzac marchaient les écuyers militaires, tels que Bohan, d'Auvergne, Mottin de la Balme, Melfort. Ces hommes sentaient peut-être plus encore la nécessité des modifications, leur équitation devant s'adresser à l'instruction de nos troupes à cheval.

Dans son traité de cavalerie, Mottin de la Balme dit : « Loin de mettre de la science dans l'instruction à cheval ou « de subtiliser l'art, ce qui l'a rendu dangereux et impraticable ; il fallait le simplifier, réduire le travail à ce que « j'explique ci-dessous.

« Loin d'exiger des cavaliers qu'ils fassent passager,
« piaffer ou cheminer des deux pistes leurs chevaux, il fau-
« dra uniquement leur apprendre quatre mouvements avec
« lesquels ils pourront exécuter toutes les évolutions néces-
« saires à la guerre, etc. Voilà à quoi peut se réduire ce
« fantôme d'équitation qui a tant fait désespérer les cavaliers
« et extrapasser les chevaux depuis quelques années. » Cette
citation ne semble-t-elle pas une actualité, ainsi que la note
qui va suivre, tirée du même auteur ?

« Ce qu'il y a de fâcheux dans tout ceci, c'est que le nombre
« des ignares est plus grand que celui des juges compétents ;
« de là, la permanence des erreurs. »

En 1789, l'équitation civile et militaire, suivant la marche
simple et progressive dont je viens de parler, servait de type
à toutes les écoles de l'Europe [1].

Quand la Révolution arriva, elle reçut une cruelle atteinte ;
de tous les arts, l'équitation devait avoir le plus à souffrir.
Son sanctuaire, à Versailles, soutenu par la munificence
royale, disparut avec la royauté. Les autres écoles tombèrent
également, et tous nos écuyers s'exilèrent, ou trouvèrent un
refuge dans les camps.

Lorsque, à la suite d'une longue anarchie, la France,

---

[1] Afin d'éviter les longueurs, j'ai omis de citer beaucoup de noms célèbres,
qui tous avaient fait faire un grand pas à l'équitation. J'ai cherché autant
que possible à ne pas entrer dans de nouvelles citations ne pouvant servir
qu'à fatiguer le lecteur.

devenue militaire, sentit la nécessité d'organiser sa cavalerie, elle rétablit une école. Versailles fut destiné à faire l'instruction de nos troupes à cheval. Ce n'était plus ce manége académique des temps passés, chargé de conserver les vieilles traditions en développant le progrès ; il ne s'agissait plus alors que de former à la hâte des instructeurs pour nos régiments.

Coupé, Jardin, Gervais et quelques autres débris du manége de Versailles, furent mis à la tête de cette nouvelle institution ; étant pour la plupart anciens piqueurs des écuries du roi, on leur confia néanmoins l'instruction de cette école ; on ne redouta point l'insubordination, persuadé que l'on était alors que des hommes spéciaux, ayant fait d'un art l'étude de toute leur vie, offraient pour bien instruire de bonnes garanties.

Piqueur du temps de l'Empire.

En raison de la promptitude avec laquelle il devint nécessaire de former des officiers, Coupé et Jardin, tout imbus
qu'ils étaient des principes de la Guérinière et de d'Abzac,
furent en quelque sorte les chefs d'une nouvelle école que
l'on peut appeler, avec raison, école de circonstances. Deux
générations étant en présence, l'une n'ayant pas appris,
l'autre n'ayant pas le temps d'apprendre, il devenait difficile
de pousser très-loin l'éducation des hommes et des chevaux.
Dans beaucoup de circonstances, un cheval bien ajusté eût
été un inconvénient, un danger, au lieu d'être un avantage.

Jardin et Coupé, comme tous les hommes de cheval, sa-
vaient fort bien que plus on laisse un cheval libre et plus on
modère les exigences, moins on provoque de sottises. L'emploi des mains et des jambes, très-utile quand on doit s'en
servir pour accorder un cheval, le rassembler, le posséder,
sont autant de moyens dangereux avec ceux qui peuvent en
ignorer les effets.

L'équitation de cette époque consistait donc, à peu d'exceptions près, à laisser marcher les chevaux librement[1]. Une fois

---

[1] Les personnes d'un certain âge pourront se rappeler encore la tenue à
cheval des anciens piqueurs ayant passé du service de Napoléon à celui de
Louis XVIII, qui, pour donner plus de flottant aux rênes de la bride, les
tenaient au bouton, ayant la main très en l'air, les coudes écartés outre
mesure, et les laissaient aller à tous les mouvements du cheval. On comprendra qu'avec une pareille position, il n'était pas aisé d'avoir la main fixe.
Du reste, cette fixité de la main n'était nullement appréciée à cette époque;
quand on voulait désigner un cheval dressé, on disait qu'il était mis au
bouton.

assuré sur la selle, le cavalier apprenait souvent, autant par instinct que par préceptes, la manière de conduire son cheval ; fermant ses jambes pour le faire marcher, tirant la bride pour l'arrêter ou diminuer sa vitesse ; il laissait flotter les rênes quand il allait à peu près selon son désir. Le fond de presque toutes les leçons données à cette époque était de dire : arrêtez et rendez; il s'agissait simplement d'arrêter à temps et de rendre à propos. N'ayant ni le temps ni la faculté d'assouplir les chevaux, de leur gagner les hanches, abandonnés en quelque sorte à eux-mêmes, les cavaliers restaient d'aplomb tant bien que mal, mais prenant toujours en tout état de cause la position la plus en rapport avec leur nature. C'est avec une équitation aussi peu savante, dans laquelle souvent l'instinct faisait tous les frais, que nos armées firent le tour de l'Europe.

Cavalier du temps de l'Empire.

Si Napoléon avait su faire des prodiges avec une cavalerie où les hommes de cheval étaient en si petit nombre, il reconnut cependant la nécessité, pour l'avenir, de faire pratiquer de bonne heure l'équitation à la jeunesse.

Officier du temps de l'Empire.

En même temps qu'il réorganisa les haras pour assurer des remontes à sa cavalerie, il fonda et subventionna des écoles d'équitation. Le manége des pages, l'école de Saint-Germain, le manége subventionné de Paris, furent autant d'établissements où les jeunes gens de l'Empire pouvaient venir chercher des préceptes.

Ces divers manéges, quoique dirigés par des hommes capables, n'amenèrent pas, tout en produisant quelque bien, les résultats désirables. Songeant plus à la guerre qu'à l'équitation, les élèves n'aspiraient qu'au moment de quitter les écoles ; et lorsqu'une fois ils étaient arrivés à l'armée, les mauvaises habitudes, mises généralement en pratique, venaient remplacer l'application de bonnes leçons.

Quand les masses font mal, le respect humain commande de les imiter, dans la crainte d'être ridicule en faisant bien.

Lorsque la Restauration arriva, quand la paix promettait d'être durable, la jeunesse, cherchant à se donner un air martial, copiait tout ce qui était militaire. Nos officiers ayant contracté l'habitude de mener leurs chevaux les rênes flottantes, tous les jeunes gens trouvèrent de fort bon ton d'avoir à cheval les jambes en avant outre mesure et de mener les chevaux à l'abandon.

La mode adoptant en même temps l'équipement anglais, ceux qui sur des selles anglaises pouvaient plus facilement prendre cette posture ridicule, incommode et contraire à toute espèce de principes, prétendaient monter à l'anglaise ; et comme il était de très-bon ton encore de copier tout ce que l'on croyait anglais, cette équitation, très-peu anglaise, prévalut pendant toute la Restauration.

Cependant bien des raisons pouvaient faire croire au rétablissement de la bonne équitation. L'école d'instruction des troupes à cheval, transférée à Saumur, avait pour chef de manége M. de Chabannes, écuyer de l'ancienne roche, ayant toutes les capacités voulues pour régénérer notre cavalerie. On le trouva trop savant, sans doute, car sa présence à Saumur ne fut qu'éphémère. Dans son désir du bien, n'ayant pu marcher d'accord avec l'autorité militaire, il se retira : les regrets et les souvenirs qu'il a laissés en quittant l'école, les conseils judicieux qu'il donnait encore dans sa retraite à ses anciens élèves[1], témoignent du bien qu'il aurait pu faire s'il eût conservé la direction du manége de Saumur.

Versailles rendue à son ancienne destination, les deux d'Abzac, dépositaires de nos vieilles et saines traditions équestres, reprirent la direction du manége du roi.

La France possédait donc tous les moyens de donner à l'équitation des racines durables. Comment quelques années ont-elles suffi pour faire retomber encore une fois dans l'oubli ces préceptes pratiqués pendant les quinze ans de la Restauration ? C'est ce que je vais essayer d'expliquer.

Le manége du roi pendant les six premières années de sa réorganisation, malgré un matériel considérable en chevaux capable de former plus de cent personnes, avait simplement pour élèves les gens du service des écuries, destinés à être un jour piqueurs ou sous-piqueurs. Quelques jeunes gens de famille, aptes à devenir élèves-écuyers ou écuyers, quatre gardes du corps envoyés par les compagnies pour faire des instructeurs, et enfin un très-petit nombre d'élèves privilégiés, apprenant pour eux, mais non pour transmettre aux autres.

---

[1] M. de Chabannes se retira aux environs de Saumur; il recevait journellement la visite de jeunes officiers, venant réclamer en cachette les avis de leur ancien professeur.

Le tort de la Restauration, sans nul doute, après avoir fait les frais d'une aussi grande organisation, est de n'avoir pas formé à Versailles une pépinière de sujets étrangers au service des écuries, pouvant, une fois leur éducation achevée, aller porter ailleurs les principes qu'ils auraient reçus. Cette organisation n'a pas eu lieu, et, comme je viens de le dire, c'est une faute.

Mais néanmoins, l'école aurait pu rendre de très-grands services, si le désir d'apprendre eût été réel, pendant les six années dont je parle ; il suffisait de la moindre protection pour être admis comme élève, et la plupart des officiers en garnison à Versailles eussent été reçus au manége s'ils en avaient témoigné le désir.

Il faut se rappeler les idées, les usages, la mode de cette époque, pour expliquer comment la jeunesse d'alors n'a pas su profiter des avantages qui s'offraient à elle pour s'instruire.

Les raisons que je vais donner paraîtront futiles, et pourtant elles sont vraies.

Les MM. d'Abzac voulaient en commençant un élève, pour le placer et le fixer à cheval, qu'il fût mis en selle à piquet ; ils voulaient une coiffure qui tînt sur la tête, et préféraient pour cela le chapeau à trois cornes du temps de Louis XVI, comme le portait du reste Napoléon, à cette espèce de pyramide en feutre, coiffée de travers et la pointe en avant, comme les portaient les tapageurs de l'Empire, ils préféraient

M. le vicomte d'Abzac.

en outre la botte à l'écuyère et la culotte un peu juste, au charivari, au pantalon large et à la botte forte ; ils donnaient encore la préférence à l'éperon court sur l'éperon d'une longueur démesurée.

Ce furent des exigences aussi raisonnables de la part de MM. d'Abzac qui contribuèrent le plus à éloigner de leur école[1]. Monter sur une selle fermée, était une humiliation ; porter un chapeau dit à la voltigeur de Louis XIV, était un ridicule ; et puis, comment les vieillards portant de la poudre pouvaient-ils enseigner quelque chose ?

Si la création des pages du roi, en 1820, donna plus d'importance au manége de Versailles, les résultats qui en découlèrent pour l'art furent presque nuls. Les pages, pris dans les grandes familles de France, formaient une institution militaire destinée à fournir des officiers de cavalerie à l'armée. Ayant presque tous un grand avenir de fortune, ils n'acceptaient l'équitation que comme un art d'agrément, simplement utile pour eux ; et par conséquent, leur instruction équestre ne pouvait être que fort secondaire et fort imparfaite. Obligés qu'ils étaient de suivre des cours de toutes natures, le temps qu'ils donnaient à l'équitation était très-limité, car ils ne montaient à cheval que trois fois par semaine, et la leçon que chaque élève devait recevoir n'avait pas plus de vingt à vingt-cinq minutes de durée.

---

[1] Je pourrais nommer des officiers désignés par leurs chefs pour venir au manége de Versailles, et qui refusèrent d'y entrer par cette seule raison.

Le calcul avait été fait, que, dans le courant d'une année, en raison des fêtes et des services, un page ne montait pas plus de soixante-dix heures à cheval. Ils acquéraient néanmoins une excellente posture et un si bon fonds de principes, qu'aujourd'hui encore, des hommes de Paris que l'on cite comme montant le mieux à cheval sortent de cette école.

L'école de Versailles ne pouvait donner que ce qu'on lui demandait. A l'égard des pages, elle ne pouvait que les acheminer à faire un jour d'élégants cavaliers ; quant à l'instruction des piqueurs pour dresser les chevaux de service des écuries, elle a produit des hommes aussi capables que possible. Les preuves en existent encore à Paris [1] ; ce ne sont pas des écrivains capables d'entamer une polémique, ce ne sont pas non plus des hommes aimant à faire du spectacle, à faire danser et pirouetter leurs chevaux en pure perte. Toutes ces jolies choses, bonnes pour amuser le public, étaient mises à l'index dans l'instruction des hommes de Versailles. On tenait à ce qu'ils apprissent à mettre les chevaux dans la main et dans les jambes, à les mener régulièrement et d'aplomb. Tout piqueur qui se serait écarté de cette règle sage, qui se serait avisé de tourmenter, de contorsionner un cheval, de le faire parader et changer de pied inutilement, eût été sévèrement puni.

L'école de Versailles pouvait rendre d'immenses services ;

---

[1] Bellanger, Boutard, Ernest, etc., etc., sont des hommes ayant fait leurs preuves.

mais, comme je l'ai dit tout à l'heure, organisée à une époque d'indifférence, elle fut méconnue par ceux-là mêmes ayant le plus d'intérêt à la consulter.

Sa réforme, arrivée en 1830, dispersant le peu d'hommes capables qui restaient encore, fit perdre le souvenir des bonnes et saines traditions. L'art une fois banni de Versailles, il devenait matériellement impossible qu'il pût trouver un refuge, et surtout qu'il pût se propager dans l'industrie particulière : il ne restait donc plus que l'école de Saumur dans laquelle il pût se conserver ; mais pour cela, il devenait nécessaire d'apporter des modifications dans l'ordonnance de 1825. Saumur non-seulement devait alors servir à l'instruction de nos officiers de cavalerie, mais encore créer une pépinière d'hommes spéciaux, capables de conserver les traditions. L'organisation de 1825 ne pouvait point amener ce résultat : en militarisant jusqu'aux écuyers de l'école, en offrant aux officiers le manége comme un marchepied militaire, l'art ne pouvait qu'en souffrir, et c'est ce qui est arrivé.

Ainsi, quoique M. le général Oudinot, en organisant Saumur, se fût entouré d'hommes spéciaux, tels que Cordier et Rousselet, bien qu'il eût fait accepter, comme base d'instruction, les principes de Bohan et de la Guérinière, ces principes se sont insensiblement erronés, et sont assez tombés dans l'oubli pour laisser accepter aujourd'hui comme innovation, des préceptes outrés et calqués sur l'ancienne équitation. Il ne pouvait en être autrement; car quel que soit le zèle des professeurs, quel que soit le désir d'apprendre des élèves, ces derniers arrivant à vingt ans à Saumur, sans une éducation équestre préliminaire, n'ont pas le temps, pour se former une opinion sur cet art, de faire une étude pratique assez approfondie de l'équitation : ils peuvent tout au plus apprendre à monter à cheval pour eux, mais ne peuvent avoir le temps de travailler un art qui demande de longues études, une longue observation, surtout quand il doit être question de s'occuper du dressage des jeunes chevaux.

En cette circonstance, une longue pratique est préférable à toutes les théories. La pratique laisse toujours un souvenir ; les théories, au contraire, s'oublient ou s'interprètent mal. Nous pouvons en acquérir une nouvelle preuve aujourd'hui, car si l'on a été à même de lire Grison, Pluvinel, Newcastle, la Guérinière, Dupaty de Clam, Thiroux, etc., etc., et même le *Traité d'Équitation de Saumur*, très-clairement et très-parfaitement rédigé, on devrait se souvenir que ce n'est pas d'aujourd'hui que l'on attaque les chevaux avec l'éperon, pour leur assouplir les jambes et les asseoir ; que ce n'est pas d'aujourd'hui qu'on leur ploie l'encolure pour les rendre liants, les posséder davantage et les mettre dans la main ; que toutes ces découvertes enfin, connues de temps immémorial, ne peuvent paraître nouvelles qu'à ceux se posant en juges d'une question qu'ils ignorent ou qu'ils n'ont jamais étudiée avec fruit.

A côté de cette équitation de Saumur, qui ne sera jamais qu'imparfaite tant qu'elle n'aura pas des hommes spéciaux et d'expérience pour la représenter, conserver les traditions et marcher avec le progrès, vient se placer une équitation toute de vigueur et d'énergie, peu savante sans doute, mais en rapport avec les goûts de notre époque. Les tournois et les carrousels, où les chevaux venaient parader dans des allures trides et raccourcies, étant remplacés par les courses, les chasses, les steeple-chase, des principes ne servant qu'à donner de l'incertitude aux chevaux ne pouvaient guère être goûtés de notre jeunesse.

La plupart des professeurs se roidissant contre le changement qui s'opérait, n'ayant modifié dans l'équitation de manége que les airs inutiles, restant néanmoins toujours fidèles aux allures raccourcies, ne démontraient pas les moyens de développer la vitesse, et laissaient les élèves dans cette erreur de croire que de fermer les jambes en rendant la main était le plus sûr moyen de provoquer la rapidité. Perdant d'un côté tout le prestige qu'entraîne après soi l'exécution brillante des anciens airs trides et relevés, n'inspirant d'autre part que peu de confiance à des élèves apprenant par expérience que pour donner du perçant et développer la vitesse il faut au contraire donner du soutien à la bouche du cheval, etc., tous les jeunes gens cessèrent dès ce jour d'avoir foi dans le manége, et cherchèrent à voler de leurs propres ailes. Ils se firent en conséquence une équitation à eux, consistant à savoir franchir les obstacles, à rendre un cheval perçant, sans s'inquiéter autrement qu'il fût juste ou faux, placé ou non placé, droit ou de travers.

Cette équitation toute naturelle, toute de courage, devenue en vogue, ne demandait qu'à être régularisée par des principes. L'école de Versailles marchait dans cette voie quand

Équitation de Chasse.

elle a été supprimée ; les anciennes traditions, déjà modifiées par d'Abzac, devaient se modifier encore. L'époque, voulant une équitation large, avait besoin, tout en conservant le souvenir des préceptes qui servent à placer le cheval, à régulariser ses allures, à le soumettre enfin à l'obéissance la plus complète, de connaître les moyens qui tendent à provoquer et à maintenir la franchise dans les allures.

N'ayant aucune connaissance du passé, il est facile de comprendre à présent comment notre nouvelle génération, ne montant à cheval que d'inspiration, pouvait croire à la nouveauté des moyens qui servent à placer un cheval, à l'assouplir, à lui gagner les hanches, etc.

Notre jeunesse était en mesure de tout accepter, et nécessairement le plus grand nombre devaient, comme il arrive d'ordinaire, donner la préférence aux choses les moins utiles, mais qui pouvaient le plus flatter les yeux.

L'effet que devait produire un praticien intelligent, faisant exécuter des changements de pieds en l'air, des mouvements quelquefois forcés, quelquefois élégants et gracieux, n'était pas douteux, et comment ne pas accepter avec faveur une théorie vous offrant les moyens de mettre en pratique des préceptes avec lesquels tous les chevaux peuvent acquérir la même énergie et les mêmes qualités, et susceptibles d'exécuter un semblable travail?

Il me suffira, pour combattre ce que peut avoir de fâcheux une semblable croyance, de répéter ici ce que disait la Guérinière à une époque où il craignait aussi les imitations dangereuses :

« Il en est qui s'étudient à rechercher une précision, une
« justesse qu'ils voient pratiquer à ceux qui ont la subtilité
« de choisir parmi un nombre de chevaux ceux auxquels la
« nature a donné une bouche excellente, les hanches solides,
« et des ressorts assis et liants ; qualités qui ne se trouvent

« que dans un très-petit nombre de chevaux; cela fait que
« ces imitateurs de justesse si recherchée amortissent le cou-
« rage d'un brave cheval, et lui ôtent toute la gentillesse que
« la nature lui avait donnée. »

Notre époque devrait être assez avancée pour ne pas croire
aux nouvelles panacées, et cependant, il y a quelques années,
un M. Segundo se présentait avec un moyen infaillible de
réduire, de posséder et de diriger tous les chevaux. On devenait d'après lui un cavalier accompli en achetant la collection
des mors dont il était l'inventeur; il eut aussi son moment
de prestige; mais les accidents qui arrivèrent donnèrent la
preuve qu'il fallait autre chose pour faire un homme de cheval. Il en sera de même, je crois, des procédés que l'on a
voulu mettre aujourd'hui en vigueur pour le dressage des
chevaux.

Cette pensée appartient presque entièrement à l'ancienne
équitation : voulant réduire les chevaux à travailler dans de
très-petits espaces, on a forcé les moyens; aussi est-ce pour
cela qu'ils ne peuvent, à de rares exceptions près, s'appliquer avec succès à des chevaux destinés aux exercices du
dehors. Le progrès n'est pas dans l'application des moyens
qui tendent à réduire le cheval, à l'asseoir, à le captiver, de
façon à provoquer des mouvements factices. Il est nécessaire,
au contraire, d'établir aujourd'hui des principes pouvant
amener un élève à tirer parti d'un cheval, comme l'exigent
le goût et le besoin de notre époque.

Les préceptes de notre ancienne équitation nous sont toujours nécessaires, sans nul doute : ils doivent être seulement plus ou moins modifiés en raison de l'emploi auquel on veut astreindre le cheval, comme en raison de l'espèce à laquelle on s'adresse.

L'art en se généralisant doit se simplifier ; il ne doit plus consister à provoquer des allures élevées, des mouvements forcés, servant tout simplement à faire valoir l'adresse et la patience de l'écuyer. Il doit être, au contraire, appliqué de nos jours à régulariser les allures, à posséder le cheval, tout en lui laissant son énergie naturelle, et l'aidant à développer presque de lui-même les qualités qui lui sont propres.

Toute autre équitation, très-bonne peut-être pour les personnes qui veulent faire du spectacle, ne peut trouver une application utile dans nos usages habituels.

Le Comte d'Aure sur le Cerf.

TRAITÉ D'ÉQUITATION

TRAITÉ D'ÉQUITATION

PREMIÈRE SECTION

CHAPITRE PREMIER.

Afin de mettre l'art de l'équitation à la portée de toutes les intelligences, il est nécessaire de le simplifier, de le rapprocher de la nature, et de ne pas l'astreindre à des règles qui ne peuvent être applicables d'une manière générale. L'enfant ne peut avoir sur un cheval les mêmes points de contact qu'un homme d'une taille moyenne; il en est de même pour celui-ci par rapport à un plus grand.

Si l'on met à la torture un élève pour le placer à cheval, on n'obtiendra qu'une position roide et forcée. Il faut, au contraire, lui donner avant tout une grande aisance. On conçoit sans peine que le sujet qui aurait peu de dispositions, a moins de chances d'acquérir une bonne tenue, si l'on use de moyens violents pour la lui faire prendre. L'homme même de forme naturellement élégante, réussira moins bien si vous contrariez son organisation. Loin donc d'exiger des positions forcées, il faut laisser l'élève chercher de lui-même son équilibre et des points d'appui qui, en le fixant, lui rendent ce naturel et cette aisance que l'on perd souvent, dans le principe, par la crainte de tomber.

Quand l'élève a acquis de la confiance et de la solidité, c'est au maître à juger si l'art est nécessaire pour régulariser la position.

Ce naturel apporté dans la position doit être consulté et suivi dans tout ce qui sert, soit à former l'élève, soit à dresser le cheval. Si l'art peut servir à corriger les imperfections, il doit consister aussi à employer les moyens les plus simples, en harmonie avec la nature, pour obtenir des résultats efficaces ; s'il fait ressortir le naturel et lui donne un poli, au fond ce naturel doit toujours être le même, seulement il nous apparaît sous des formes plus agréables. Par le même motif, lorsque l'on dresse un cheval il est essentiel de ne pas s'écarter de la nature ; il faut parler à l'animal un langage qu'il comprenne, et avec lequel il se familiarise à mesure que son éducation s'avance.

L'équitation instinctive doit être aujourd'hui la base de la nôtre. L'art peut servir à tirer un meilleur parti du cheval, dont tout le dressage consiste à l'amener au service auquel il est propre, et à le ménager plus ou moins, en raison de sa construction, de sa vigueur et de ses imperfections.

Nous avons, moins que jamais, besoin d'une équitation en apparence fort brillante, mais sans aucune utilité. Les gens qui comprendront l'emploi du cheval comme il doit être raisonnablement entendu, ne pourront croire qu'il y ait une règle fixe pour dresser tous les chevaux, qu'ils aient tous la même sensibilité, et qu'ils puissent tous être soumis au même travail. Il existe dans la manière d'user du cheval, un tact et une intelligence qui sont le propre de l'homme qui le monte. C'est le discernement qui le mène à savoir ce qu'il peut exiger. Je dirai mieux, c'est que, quelque bien que soit ajusté un cheval, un homme lourd ne pourra lui demander autant qu'un enfant, ou qu'un homme léger, et pour cela dénotera-t-il moins de savoir-faire parce qu'il sera plus sobre dans ses exigences?

Les premiers hommes qui voulurent approprier les chevaux à leurs besoins, les soumirent à l'obéissance en usant de moyens simples et rationnels, ceux que le bon sens commande, c'est-à-dire les oppositions et les résistances. Si les cordes, la lanière, le bâton, dont on se servait dans le principe, et dont usent encore les peuplades de l'Amérique du Sud, les Cosaques et les paysans de nos contrées, ont fait place au caveçon, au bridon, au mors, etc., le cheval n'en cède pourtant pas moins à la même loi. L'art ne doit servir qu'à faire naître des moyens plus exacts, plus positifs; afin de mieux posséder le cheval, égaliser ses allures, et non pas à les employer pour exiger des positions forcées, des mouvements inutiles, ne tendant qu'à fatiguer les chevaux en pure perte.

Ce n'est que lorsque l'élève a acquis une grande confiance et une grande tenue; c'est lorsque, par l'habitude, il a su prendre une idée des allures, qu'il sera temps de lui indiquer les moyens de les régulariser. Il ne doit donc s'agir, dans le principe, que de s'occuper de la posture et de la manière de tenir la bride et les bridons.

CHAPITRE II.

Posture de l'homme à cheval.

Le cavalier doit être assis d'aplomb, les reins souples, afin de suivre les mouvements du cheval; les épaules effacées et non reculées, la tête d'aplomb sur les épaules; éviter que le menton ne se porte en avant, mouvement qui jette les épaules en arrière, et qui dans ce cas fait remonter les genoux; les cuisses sur leur plat et bien tombantes; fixer les genoux en cherchant à les baisser, les assurer en allongeant les jambes et baissant un peu les talons, en sorte que les muscles de l'intérieur de la cuisse puissent, en se contractant, fixer les parties qui doivent rester immobiles.

La tenue existe dans deux forces, celle de l'équilibre et celle de l'appui des cuisses et des genoux: c'est pour cela qu'il sera essentiel, en plaçant l'homme à cheval, de lui faire ouvrir les cuisses, afin qu'il cherche son aplomb. Une fois cet aplomb trouvé, il faut lui faire tourner les cuisses sur leur plat, et assurer les genoux comme je l'ai expliqué ci-dessus.

La souplesse des hanches est très-essentielle ; car c'est elle qui établit et maintient l'équilibre en permettant au corps de prendre, selon la position du cheval, une attitude qui lui fait conserver son aplomb. C'est pour cela qu'au repos, ou lorsque le cheval marche droit, il ne faut pas plus déterminer le corps en avant qu'il ne faut le placer en arrière, et qu'il est urgent d'attendre, pour céder à une de ces deux impulsions, que le cheval fasse des mouvements qui engagent le corps à marquer une opposition propre à le maintenir en équilibre.

C'est cette souplesse, jointe à la fixité des cuisses et des genoux, qui constitue la tenue. Mais généralement une grande tenue s'acquiert plus par le liant, la souplesse et l'équilibre, que par la force des points d'appui, qui diminuent toujours en raison de la fatigue qu'on éprouve.

CHAPITRE III.

Position des mains. — Le cheval en bridon.

Il existe deux manières de tenir le bridon.

La première consiste à prendre les rênes à pleines mains, en les faisant sortir du côté du petit doigt, et en les fixant entre le pouce et l'index, en sorte que ce soit l'index qui sente l'effet du mors[1]; les ongles seront en dessous, et les pouces vis-à-vis l'un de l'autre.

Dans la seconde manière on tient les rênes du bridon de même à pleines mains, en les faisant ressortir du côté du pouce; dans ce cas. c'est le petit doigt qui sent l'effet du mors.

Dans l'un et l'autre cas les bras doivent être libres, les coudes tombant sur les hanches sans les serrer, les saignées pliées de manière que les mains soient à trois ou quatre pouces de l'encolure, un peu en avant du pommeau de la selle; en marchant droit, les rênes couleront légèrement des deux côtés de l'encolure; les mains seront fixées et assurées de manière à donner un léger point d'appui à la bouche.

Lorsque l'on voudra tourner, on ouvrira moelleusement le

---

[1] J'entends par le mors le filet ou bridon qui porte dans la bouche.

bras du côté indiqué en écartant un peu la rène; on aura soin de laisser l'autre main dans la même position, et on l'assurera, en sorte que le cheval, en tournant dans un sens, soit toujours maintenu du côté opposé.

CHAPITRE IV.

Position de la main. — Le cheval en bride.

Quand le cheval est en bride les deux rènes se tiennent dans la même main; dans la main gauche quand le cheval marche à la droite, et dans la main droite, lorsqu'il est à gauche.

La bride étant dans la main gauche, les rènes sont séparées par le petit doigt, la rène gauche en dessous. Les doigts doivent être fermés pour qu'elles restent égales, et elles sortent entre l'index et le pouce, qui doit être bien appuyé dessus, afin de contribuer à les maintenir justes.

Lorsqu'on les tient dans la main droite, on les prend à pleine main, le bouton sortant en dessous, c'est-à-dire du côté du petit doigt.

Les rènes étant égales, si l'on veut marcher droit, la main sera placée au-dessus de l'encolure. Lorsqu'on désirera changer la direction, la main se portera dans la nouvelle direction qu'on voudra suivre; si l'on veut arrêter, on l'élèvera devant soi, jusqu'à ce que le cheval reste en place, en ayant soin de laisser tomber les jambes; et pour reculer, on élèvera la main jusqu'à ce qu'il rétrograde; aussitôt qu'il se portera en arrière, pour qu'il ne recule pas avec trop de précipitation, on diminuera l'effet du mors en baissant la main et en fermant un peu les jambes.

CHAPITRE V.

Résumé des chapitres précédents.

Quand on démontre ces premiers éléments à un élève, on doit s'attacher à lui donner de la confiance. C'est pour cela que je suis d'avis de le commencer à la longe, et de le faire monter sur la selle à piquet, l'élève ayant sur cette selle plus de tenue, et le cheval à la longe pouvant être facilement arrêté par la personne qui donne la leçon.

L'élève se trouvant en sécurité, prendra plus promptement une bonne posture, et apprendra plus facilement l'emploi qu'il doit faire de ses mains et de ses jambes.

On ne doit mettre un élève en liberté que lorsqu'il commence à se fixer, qu'il sait arrêter et diriger son cheval; on l'astreint alors au travail des reprises simples. En raison de ses progrès, on lui fera prendre le trot et le galop. Quand il obtiendra facilement ces deux allures, on le mettra sur des selles rases et anglaises afin de lui donner plus de tenue; à mesure qu'il s'assurera, on lui fera augmenter les allures, en faisant alterner le travail de la bride et du bridon; car indépendamment de l'appui qu'il pourrait prendre à la main, et qui sert à augmenter la tenue, et, par conséquent, la confiance, l'élève se familiarisera avec l'usage de ce frein, qui doit servir à former les jeunes chevaux; il faut, par-dessus tout, éviter, dans le principe, d'entrer dans des explications détaillées d'effets de rênes, de jambes, etc. Un élève ne peut les comprendre, ni les étudier avec fruit, que lorsqu'il a acquis de la tenue, de la confiance, et du décidé. En n'exigeant de lui que des choses simples, des à-droite, des à-gauche, des arrêts bien marqués, des allures franches, le tact, qu'il acquerra par l'habitude, développera bien plus son intelligence, et lui donnera tout naturellement le secret de bien des choses que les meilleures explications ne pourraient lui apprendre.

Tout ce qu'un élève obtient de lui-même se classe mieux dans sa mémoire. En raison des moyens que la nature lui a donnés, il essaye, il exige; s'il se trompe d'abord, et qu'il réussisse ensuite, il peut établir des termes de comparaison qui sont pour lui la meilleure de toutes les leçons. C'est ainsi, si je puis me servir de cette expression, que l'on doit dégrossir un élève. Il faut éviter de le fatiguer de paroles qu'il ne peut pas comprendre, et qui ne servent qu'à retarder les progrès de son intelligence [1].

[1] La plupart des personnes qui se mêlent aujourd'hui de donner leçon ne suivent aucunement le système que je propose. Au lieu de fatiguer leurs chevaux pour exercer leurs élèves et leur donner de la tenue, elles préfèrent les entretenir de théories, de mots vides de sens, de prétendues définitions scientifiques, au moyen desquels on passe pour très-habile, et pendant lesquels les chevaux ne marchent pas. Avec beaucoup de leçons semblables, on n'obtient aucune habitude, aucun tact, et le jugement se fausse.

DEUXIÈME SECTION

CHAPITRE VI.

Travail raisonné.

D'après ce que je viens de dire, on voit que la première chose à demander est un travail d'inspiration ; une leçon raisonnée serait sans valeur avec un élève sans tenue et sans habitude. Quelque simple que puisse être cette leçon, elle ne pourrait être appréciée que par des gens ayant déjà monté à cheval ; ceux-ci seront aptes à comprendre un travail de perfection qui pourra les amener à conduire leurs chevaux avec plus de justesse, d'aisance et de grâce.

Ce travail raisonné fera connaître d'une manière précise et détaillée les moyens à employer pour savoir exiger avec discernement et obtenir d'un cheval dressé ce qui peut tendre à sa conservation en même temps qu'à la sûreté du cavalier. Lorsque les élèves auront suivi un travail de cette nature, ils se trouveront aptes à appliquer, sur les jeunes chevaux, les procédés dont ils auront usé sur les chevaux faits.

On doit rechercher dans un cheval de service :

1° Qu'il marche droit et d'aplomb, afin que le cavalier soit placé dessus commodément ;

2° Qu'il soit franc, souple et liant, afin qu'identifié en quelque sorte avec l'homme il comprenne toutes ses volontés.

Pour atteindre ces deux points, qui sont le fond de toutes les équitations, il est essentiel d'employer les moyens les plus simples. C'est dans un manége que l'on pourra les comprendre plus promptement, et c'est là aussi qu'on pourra plus facilement soumettre un cheval à l'obéissance. La régularité du travail, les changements continuels de direction, présentent le double avantage de former en même temps l'éducation de l'élève et celle du jeune cheval.

Les reprises du manége, ainsi qu'elles sont établies, et lorsqu'elles sont exécutées avec connaissance de cause, donnent à l'élève tous les moyens de faire obéir un cheval dans l'usage habituel.

Dans le travail raisonné on doit s'attacher à démontrer par quels effets un cheval agit de telle ou telle façon, et l'on fera sentir l'accord qui doit exister entre ces effets pour qu'ils soient en harmonie. Il sera donc nécessaire dans le principe de faire beaucoup marcher au pas pour que l'élève, ayant une position plus assurée à cette allure, puisse apprendre plus aisément les effets que produisent les mains et les jambes, qui sont les seuls moteurs.

CHAPITRE VII.

Principes généraux.

Les jambes, par leur position, agissent sur les parties postérieures du cheval, et tendent à le porter en avant. La main, au contraire, qui tient la bride, agit sur les parties antérieures et sert à l'arrêter et à le diriger. C'est donc au moyen de l'accord de la main et des jambes que l'on détermine, règle, change ou arrête les diverses allures.

C'est par des poids égaux qu'on maintient l'équilibre, comme c'est par des poids différents qu'on fait pencher un objet plus d'un côté que de l'autre. Quand un corps quelconque sent une résistance vers un point, il cède en se portant du côté opposé. Ce raisonnement nous amènera à expliquer l'action des jambes sur le corps du cheval, comme celle de la bride et du mors sur l'encolure et la bouche.

CHAPITRE VIII.

Action du mors. — Effet des rênes.

Le mors sert à fixer et placer la tête, à diriger le cheval, l'arrêter, le reculer, régulariser ses mouvements, et le tourner à droite et à gauche.

En raison de la manière dont on fait agir les rênes qui tiennent le mors, la bouche reçoit des impressions auxquelles doit céder le cheval.

1º Lorsqu'une rène étant tirée de devant en arrière offre sur les barres une résistance, la bouche cédant à cette pression, la tète se recule, en imprimant à la masse un mouvement rétrograde.

2º Lorsque la rène, au lieu d'ètre tirée de devant en arrière, s'ouvre, en s'écartant, on établit sur la barre du côté où elle agit, et ensuite sur toute la bouche, un mouvement d'attraction auquel la tète cède; elle se déplace alors pour se porter du côté où elle est attirée.

3º Lorsque la rène, au lieu d'ètre tirée de devant en arrière, au lieu d'ètre ouverte, se maintient de façon à offrir une petite résistance du côté où elle agit, et en même temps un appui sur l'encolure, le cheval, pour fuir cette résistance et cette pression, tourne du côté opposé.

Il est donc possible, avec une seule rêne, de diriger un cheval, c'est-à-dire, le porter à droite, à gauche, l'arrêter, le reculer.

4° Lorsque les rênes n'agissant pas plus l'une que l'autre, seront maintenues dans des pesanteurs égales, la partie antérieure, contenue entre deux forces d'un même poids, restera droite.

CHAPITRE IX.

Effet des jambes.

Les jambes servent à mettre un cheval en mouvement; elles contiennent l'arrière-main, ou lui donnent une direction quelconque; elles agissent sur cette partie comme les rênes sur la bouche et l'encolure, c'est-à-dire que, lorsqu'elles tomberont également près des aides, elles maintiendront droite l'arrière-main: mais si, au contraire, une jambe offre plus de résistance que l'autre, l'arrière-main cédant à cette pression fuira du côté opposé.

Ainsi, par exemple, la jambe droite agissant sur ce côté fera fuir les hanches de droite à gauche, et par conséquent fera marcher le côté gauche le premier, comme la jambe gauche produira l'effet contraire.

CHAPITRE X.

Résumé des chapitres précédents.

D'après l'explication donnée de l'action des différents moteurs qui mettent le cheval en mouvement et le soumettent aux volontés de l'homme, nous voyons que sur un point l'action de la main est totalement opposée à celle des jambes, puisque la main sert à arrêter ou reculer, comme les jambes portent en avant; tandis que la pression séparée des jambes exerce sur l'arrière-main un effet semblable à l'appui de la rène sur l'encolure et la branche du mors.

Pour travailler un cheval il faut savoir juger et connaître ces différents effets, afin de ne pas les faire agir d'une manière contradictoire, en accordant ceux qui sont en rapport.

Cet accord bien entendu des mains et des jambes renferme tout l'art de l'équitation, et le bon écuyer se reconnaît à la précision et à la justesse qu'il met dans ce travail.

La manière d'atteindre plus promptement ce but, c'est d'être bien fixé à cheval : c'est pour cela que j'ai pensé qu'il fallait commencer un élève comme je l'ai indiqué. Lorsque l'assiette est solide, on devient maître de ses bras et de ses jambes; alors on est en état de comprendre leurs effets, chose impossible lorsque le corps manquant d'aplomb, on est obligé de prendre brusquement et au hasard des points d'appui qui surprennent le cheval, le désordonnent et l'éloignent de l'obéissance.

Afin de sentir l'accord des mains et des jambes, je pense que les principes doivent être clairement décomposés. Nous diviserons ce travail en trois leçons, qui traiteront spécialement et applicativement,

1° Des effets du mors et de la bride ;

2° De l'effet des jambes ;

3° De l'accord de ces divers effets.

CHAPITRE XI.

Première Leçon. — Action de main.

Afin que des réactions trop fortes n'empêchent pas de concevoir la leçon, et pour que le cheval recevant des impressions moins dures, y réponde plus facilement, on marchera au pas, les jambes tombant également, assez près des aides pour maintenir l'arrière-main. Les rênes devront être tenues très-longues, afin que dans les à-droite et les à-gauche, une seule rêne agisse à la fois. Les mains seront placées très en avant ; on évitera par là que l'élève en tirant sur la bride ne fasse un mouvement faux qui ferait reculer le cheval.

Les élèves marchant à main droite, on fera exécuter les à-droite de deux manières : premièrement, en faisant porter la main à droite, ce qui fera tourner le cheval à droite, par la pression de la rêne gauche sur l'encolure ; secondement, par l'ouverture de la rêne droite avec la main droite, qui, tirant la tête à droite, fera tourner le cheval de ce côté. Dans ce mouvement le cheval tournera d'une manière différente, car l'ouverture de la rêne faisant sentir un appui sur la barre droite, cette première pression attirera la tête en arrière ; lorsque la tête sera tournée, la continuité de ce mouvement agira alors sur toute la bouche, et la dernière sensation portant sur le côté gauche, le cheval tournera à droite pour fuir l'appui qui lui viendra du côté opposé à celui où l'on veut tourner. Dans ce cas il faut ouvrir franchement la rêne, et faire faire le moins possible la bascule au mors ; car en agissant ainsi le cheval reculerait.

Dans ce dernier mouvement, la main gauche restera placée au-dessus de l'encolure pendant que la main droite agira sur la rêne droite. Lorsque ce travail sera compris à main droite, on fera un changement de main pour exécuter cette leçon sur le côté opposé.

CHAPITRE XII.

Deuxième Leçon. — Suite de l'action de la main.

Quand le travail des rênes séparées sera familier aux élèves, on fera exécuter celui des deux rênes s'accordant ensemble. On répétera les à-droite en faisant agir en même temps la rène gauche par la pression, et la droite par son ouverture. Ce travail, plus facile, sera bientôt saisi et procurera l'avantage de connaître les deux moyens qui, différant dans leur application, conduisent néanmoins au même but, et, agissant d'accord, rendent le mouvement et plus prompt et plus facile.

Lorsque les élèves comprendront ce travail, le cheval sera conduit d'une seule main. Dans cette circonstance, pour le rassembler et le posséder davantage, les rênes seront plus fortement maintenues afin d'offrir une résistance plus marquée sur la bouche du cheval; en même temps les deux jambes se fermeront pour maintenir l'arrière-main et la rapprocher des épaules. Lorsque le cheval sera mis en mouvement, la main, restant fixe, maintiendra dans les rênes une égalité de pesanteur qui fera marcher le cheval droit.

Quand on voudra changer de direction, la main, après

avoir marqué un temps d'arrêt pour rassembler davantage le cheval, se portera dans la direction nouvelle et amènera une inégalité de pesanteur dans l'effet des rênes, qui fera tourner le cheval. Lorsque l'encolure sera arrivée sous la main restée fixe alors, les rênes reprenant leur pesanteur égale, le cheval se maintiendra dans la nouvelle direction indiquée par la main.

Il sera nécessaire de faire exécuter ce travail assez de temps pour que l'élève comprenne l'avantage de posséder son cheval, de l'avoir dans la main, sans le soumettre à de trop fortes étreintes.

On passera ensuite à un travail plus compliqué qui servira à faire connaître tous les effets que peuvent produire les rênes, pour ramener la tête. plier l'encolure et placer le cheval.

Le cheval marchant. je suppose. à main droite : la main gauche du cavalier. tenant les deux rênes, marquera ainsi la direction que le cheval doit suivre : on essayera, avec la main restée libre, de plier l'encolure à droite, sans, pour cela, sortir de la ligne que l'on voudra parcourir. Dans ce cas, la main droite ne doit plus agir sur la rêne droite, comme on la faisait agir précédemment pour tourner le cheval; mais après l'avoir ouverte assez pour amener la tête à droite, au lieu de continuer ce mouvement, qui ferait tourner le cheval, on l'arrêtera, et la main droite alors marquera sur cette rêne droite une petite résistance de devant en arrière. résistance qui faisant agir le mors plus sur la barre droite que sur la gauche, fera tourner et reculer la tête, et par conséquent fera plier l'encolure à droite.

L'encolure ainsi pliée, la tête ainsi placée, la main droite tout en restant fixe, doit varier ses résistances pour éviter que le cheval ne prenne avec colère cette nouvelle sujétion, ne s'appuie trop sur le mors, et ne finisse par céder à une résistance qui le ferait dévier. Dans l'hypothèse où cédant à l'action du mors, il chercherait à tourner au lieu de rester dans le pli que l'on désire lui donner, la main droite, tout en maintenant le pli par son action résistante, se porterait un peu à gauche, afin d'appuyer la rêne droite sur l'encolure, action qui redresserait le cheval. Enfin, si l'effet de cette rêne droite sur l'encolure agissait de façon à trop porter le cheval à gauche, la main droite se reporterait à droite pour rectifier ce mouvement et maintenir le cheval dans le pli.

L'exécution de ce travail s'appelle *plier le cheval à droite, le placer à la main à laquelle il marche*. Tout en allant à droite, on peut aussi plier le cheval à gauche en usant des mêmes procédés avec la rêne gauche. Ce travail s'appelle alors, *placer le cheval dans le faux pli*.

Lorsque l'on marche à main droite, et que la main gauche, en se portant un peu à droite, vient offrir avec la rêne gauche une résistance sur l'encolure, ce qui fait sortir les épaules du mur, pendant que la main droite agit comme je l'ai expliqué précédemment, on appelle l'exécution de ce mouvement le *travail de l'épaule en dedans*, et l'exécution inverse, le *travail de l'épaule en dehors*. On complète le travail de l'épaule en dedans, en faisant agir un peu plus la jambe du côté où l'on veut amener le pli ; l'action de cette jambe jetant les hanches du côté opposé aux épaules, facilite le devant à prendre la position demandée.

Quand un cheval mis en mouvement offre des difficultés pour prendre le pli ou le faux pli, qu'il résiste en tendant le nez et en se poussant sur la main, il est nécessaire de l'arrêter. Lorsqu'il est en place, on fixe la main basse en offrant des résistances un peu marquées, afin d'appuyer le mors sur les barres. Cette résistance se continue jusqu'à ce que le cheval rende la tête ; quand cette dernière se baisse on mollit la main, et l'on recommence souvent ces arrêts pour que le cheval s'habitue à l'effet du mors. Dans la succession de ces arrêts, on cherche à obtenir quelques mouvements rétrogrades, et l'on rend aussitôt qu'ils sont obtenus.

Dans les intermittences de ces arrêts, on *badinera* alternativement les deux rênes, c'est-à-dire qu'en tenant une rêne, on la secoue légèrement en donnant de petites saccades inégales. Ce mouvement, lorsqu'il est doux, produit sur la barre un frottement qui engage le cheval à goûter le mors et à céder à son action.

Enfin il est encore un effet de rênes qui sert à gagner les hanches.

Quoique les jambes du cavalier soient, comme nous le

verrons tout à l'heure, employées à agir sur l'arrière-main pour l'assouplir, la main peut néanmoins venir en aide à l'action des jambes.

Ainsi je suppose un cheval roide dans son arrière-main, peu fait aux jambes, auquel on désire faire échapper les hanches, soit pour le redresser s'il est de travers, soit pour l'engager dans une marche oblique; le moyen ordinaire dans cette circonstance est, comme nous le verrons tout à l'heure, d'assurer la main de la bride pour arrêter le mouvement en avant, de fermer en même temps la jambe du côté opposé où l'on veut engager les hanches. Si dans la mise en exécution de ce mouvement le cheval, au lieu de céder à l'action de la jambe, se pousse dessus, rue à la botte, et persiste à ne pas obéir, au lieu de l'engager dans une défense en continuant à demander le mouvement par la jambe, on peut en cette circonstance user d'un effet de la bride, qui gagne les hanches et amène le cheval à mieux répondre plus tard à l'action de la jambe.

Ainsi, par exemple, si l'on veut faire échapper obliquement de gauche à droite un cheval ne répondant pas bien à l'action de la jambe gauche, il faut commencer par déterminer le cheval en avant, afin de le fixer sur la main et lui donner un appui certain. Au moment alors d'entrer dans le mouvement oblique, on prendra les rênes dans la main droite, et l'on marquera un temps d'arrêt de cette main, afin de maintenir les épaules et d'interrompre le mouvement en

avant ; les jambes se fermeront en même temps pour soutenir l'action du cheval : on saisira alors la rêne gauche de la
bride avec la main gauche ; cette main marquera une résistance de devant en arrière, assez puissante pour que la barre
gauche reçoive une pression plus forte que la barre opposée ; le cheval, cédant à cette pression, reculera la tête en la
portant un peu à gauche, et dans ce mouvement arrêtera
l'épaule gauche. Le cheval marchant transversalement, c'est-
à-dire plaçant la jambe droite de derrière sous lui lorsque
la jambe gauche de devant se développe, il est facile de comprendre que, lorsque le mouvement est provoqué par les
jambes du cavalier, si l'on arrête et si l'on laisse dessous le
cheval la jambe gauche de devant au moment où elle a
besoin de se developper pour faire place à la jambe droite
de derrière, celle-ci ne trouvant plus de place sous le cheval sera forcée, pour s'appuyer à terre, de s'échapper à
droite.

Tel est le moyen infaillible de gagner les hanches du cheval avec des effets de rênes ; il faut néanmoins accompagner
cette action de la rêne d'une action légère de la jambe, afin
d'y habituer le cheval. A mesure que le cheval entre dans le
mouvement oblique, que la hanche droite s'échappe, il faut
avoir soin, en diminuant l'action résistante de la rêne gauche,
de l'appuyer sur l'encolure afin de mettre les épaules vis-à-
vis des hanches ; car si ces dernières s'engageaient trop, et
que l'on continuât trop la même résistance sur la barre

gauche, sans déplacer la tête, le cheval tournerait à gauche.
C'est une application intelligente qui peut mettre à même
d'apprécier ce moyen servant à beaucoup simplifier l'action
des jambes.

CHAPITRE XIII.

Troisième Leçon. — Changement de direction par les jambes.

CE QUI SERVIRA A METTRE UN CHEVAL SUR LA MAIN.

Quand ces divers effets du mors seront compris, on s'oc-
cupera de faire agir les jambes séparément ; dans ce cas, la
main restera fixe, les rênes seront égales afin d'arrêter et de
maintenir droit le cheval dans l'avant-main. On fera suivre
les murs en faisant fermer alternativement l'une et l'autre
jambe, soit en dedans, soit en dehors. Ces mouvements exécutés, on fera des à-droite et des à-gauche par les jambes. La
main restera toujours fixe, afin de ne donner aucune direction aux épaules, et pour que le mouvement demandé au
cheval ne vienne que des jambes, la main doit rester assurée
pour que le cheval ne se porte pas en avant : c'est un moyen
excellent pour appuyer le cheval sur la main, lui faire goûter

le mors, lui placer la tête et le rassembler. Les jambes, tout en agissant sur les hanches pour les assouplir, provoquent un mouvement en avant qui porte le cheval sur la main. Si, dans cette circonstance, le cheval rencontre un appui fixe, il s'y assure, et sa tête se place. L'avantage que l'on retire d'appuyer ainsi le cheval sur la main, pour lui placer la tête, c'est que les jambes, en le poussant en avant, peuvent agir par degré et que leur action peut se modifier ou s'arrêter quand le cheval a pris sur le mors l'appui qui lui convient. Pour faire un à-droite, la main arrêtera le cheval, et la jambe droite seule agissant poussera les hanches à gauche, ce qui fera exécuter le mouvement ; lorsqu'on sera arrivé dans la direction voulue, en cessant d'agir, le cheval cessera de remuer.

Il est essentiel de faire concevoir la différence des à-droite et des à-gauche obtenus par la main, de ceux obtenus par les jambes. Dans le premier cas, les jambes soutiennent le cheval et agissent de manière à l'empêcher de reculer, ou bien le portent un peu en avant, puisque le mouvement vient de l'avant-main ; dans le second, au contraire, comme la résistance vient de la main qui arrête et contient, il tourne en reculant un peu, puisque c'est l'arrière-main qui marche la première.

Il faudra étudier la différence de ces deux actions afin d'en coordonner plus tard les effets, et de concevoir dans l'exécution des divers mouvements, que, si le cheval recule plus qu'il ne doit, la main agit trop, tandis que les jambes ne maintiennent pas assez ; comme s'il avance trop, c'est une preuve que les jambes exercent plus de pression qu'il ne faut, et que la main n'est plus assez assurée.

En faisant marcher sur les pas de côté, la tête au mur, on fera sentir l'accord des jambes, et l'on jugera de leur véritable action. En appuyant de gauche à droite, l'élève sentira qu'il est impossible au cheval d'exécuter ce mouvement, si la jambe gauche n'agit pas afin de pousser l'arrière-main à droite, car on sait que la hanche droite marche la première, par l'action de la jambe gauche. Si le cheval, fuyant trop la pression de gauche allait trop vite, on diminuerait cette pression en opposant celle de droite afin de le ralentir.

On verra par ce travail que l'arrière-main maintenue entre deux poids ou deux pressions fuira la plus forte, et que lorsqu'elles deviendront égales elle s'arrêtera. Il arrive que, les jambes agissant avec trop de force, l'arrière-main marche avec trop de précipitation et cesse d'être en arrière des épaules. Il faut alors diminuer l'action des jambes et faire agir la main comme il a été enseigné, pour mettre alors les épaules sur la même ligne que les hanches.

Nous voyons, d'après ces exemples, que c'est par le poids et les pressions des mains et des jambes, que le cheval agit dans toutes les directions. Les poids égaux le maintiennent droit ; les poids inégaux le font varier dans ses mouvements.

Il est donc nécessaire de connaître l'accord qui doit toujours exister entre les mains et les jambes.

Une posture fixe et aisée y contribuera aussi pour assurer la tenue du cheval, et afin que le cavalier ne reçoive pas avec crainte, ou par *à-coup*, les divers effets des mains et des jambes, il faut s'identifier avec lui, de façon que tous les moteurs soient en contact direct avec les parties sur lesquelles ils agissent.

Il en résultera que les points d'appui, les pressions plus ou moins fortes qu'on emploiera pour faire agir le cheval, arrivant par degrés, il les recevra avec d'autant plus de confiance qu'ils seront exercés en raison de sa sensibilité, ce qui cesserait d'arriver si ces moteurs n'étaient pas fixes et hors du contact qu'ils doivent avoir.

Nous voyons par là que ce contact est doublement nécessaire, indispensable même ; car s'il sert à donner de la confiance au cheval en le prévenant insensiblement des désirs de son maître, celui-ci devine également les intentions du cheval, soit qu'il veuille se défendre ou seulement se déranger.

CHAPITRE XIV.

Accord des mains et des jambes.—Moyens de rectifier cet aplomb.

Lorsque le cheval est au repos, les membres portant un poids égal pour qu'il se mette en mouvement, il faut qu'il y ait inégalité dans les appuis.

Que l'on veuille avancer ou reculer, la partie qui poussera la masse tendra toujours, par son action, à surcharger celle qui marche la première.

La main et les jambes doivent balancer leur appui et leur action, en raison du plus ou du moins de rapidité des allures, en sorte que, raccourci ou allongé, le cheval trouve un soutien qui le tienne le plus possible en équilibre.

Quand on désire arrêter, il faut contre-balancer l'action qui soutient avec celle qui pousse ; et une fois remis dans une position où les membres sont également chargés, le cavalier cessant d'agir, le cheval cessera de remuer.

Lorsque vous reculez, la main poussant les épaules sur les hanches, l'arrière-main plus chargée cherche un autre aplomb et le trouve en reculant ; dès que vous voulez cesser de rétrograder, la main cessant d'agir, les jambes soutenant les hanches et les poussant sur les épaules, vous rétablirez l'équilibre qui le tiendra au repos.

Si vous voulez aller en avant, les jambes portant l'arrière-
main sur les épaules, cette dernière partie étant plus chargée
cherchera un appui sur le mors. C'est ce soutien fixe mais
léger qu'on laisse prendre sur le mors qui s'appelle mettre
un cheval sur la main; plus la tête se rapproche de la perpendiculaire, mieux il est sur la main, parce que, le mors ayant
alors toute son action, on peut plus promptement le soumettre
à l'obéissance, régler et équilibrer ses allures, enfin établir
entre la main de l'homme et la bouche du cheval une sorte
de langage muet, qui fait que souvent ce dernier semble deviner les intentions du cavalier.

Quand un cheval est fixé sur la main, il recherche l'appui
du mors; il se croit abandonné dès qu'il cesse de le sentir;
alors il tend le nez; ses allures se décousent; il marche de
travers; il semble enfin qu'il ne puisse aller sans l'aide de
cet appui, qui est pour lui un gouvernail qui dirige, règle ses
mouvements, et maintient son aplomb.

L'accord des mains et des jambes n'existe que lorsque les
divers moteurs se prêtent un mutuel secours, c'est-à-dire que
quand l'un agit, l'autre doit soutenir : celui qui agit se fait
sentir le premier au cheval, l'autre ne sert qu'à contre-balancer cette action; aussi sa résistance n'augmente-t-elle qu'en
raison de la force de celui qui agit et de la masse qu'il a
à supporter. Ainsi, lorsque l'on veut pousser un cheval en
avant, les jambes agissent et la main soutient ; si l'on veut

l'asseoir ou le faire reculer, la main agit et les jambes soutiennent.

Cet accord est aussi nécessaire dans le travail des deux rênes ou des deux jambes. Quand une rêne agit, l'autre doit soutenir ; de même quand un cheval est en bridon, et qu'on veut le tourner à droite, il faut tirer la rêne droite pour l'entraîner de ce côté, tandis que la rêne gauche doit marquer une résistance pour soutenir le cheval et l'empêcher de tourner à droite avec trop de précipitation.

Il en est de même pour les jambes : quand la jambe gauche se ferme pour agir, la jambe droite doit se fermer pour offrir une résistance qui soutienne le cheval, règle, ralentisse ou rectifie l'action de la jambe gauche. Ce soutien est plus ou moins fort en raison du mouvement que l'on désire exécuter.

Le moteur qui agit devant se fait sentir le premier ; il est facile de comprendre que son action sur le cheval détruisant son équilibre, et portant sa masse sur le moteur qui soutient, ce dernier a souvent besoin pour soutenir le poids qui lui arrive d'une résistance plus forte que celle du premier moteur ; en effet, plus vous asseyez un cheval, plus l'arrière-main aura à supporter la charge des épaules ; dans ce cas, les jambes devront augmenter d'action pour soutenir ou repousser la masse, comme lorsque les jambes pousseront d'abord le cheval en avant, les épaules alors ayant à supporter une pesanteur plus grande, la bride devra présenter un appui plus fort.

Ainsi plus un cheval sera assis, plus il aura la bouche belle et plus les jambes devront agir : plus il sera sur les épaules, plus le point d'appui sur la main sera grand.

Cette explication pourra paraître étrange, parce qu'aujourd'hui on n'a plus aucune idée des moyens employés en équitation pour agir sur le cheval. L'école de Pluvinel et celle de d'Abzac ont été remplacées, particulièrement à Saumur et dans l'armée, par une équitation bâtarde qui consiste à monter les chevaux les rênes flottantes et les jambes en avant, dans la crainte, en agissant autrement, d'user les chevaux. Il est assez naturel que l'on puisse croire alors que pour asseoir un cheval, ou le pousser en avant, il faille employer des moyens exactement opposés à ceux que j'indique.

Cependant toutes les personnes qui s'occupent de courses savent que plus on tire sur la bouche d'un cheval, plus il a de rapidité ; cela vient de ce que plus on lui présente un appui sur l'avant-main, plus l'arrière-main se déploie et porte sa masse en avant, puisqu'elle trouve de ce côté une résistance qui assure son équilibre : car si, dans la position en avant où se trouve un cheval de course, il n'était pas fortement soutenu, il tomberait ou s'arrêterait ; ce qui peut arriver lorsqu'étant déployé dans une grande vitesse le jockey n'a plus la force de donner à la bouche l'appui dont elle a besoin pour soutenir la masse.

Dans le cas contraire, pour asseoir un cheval, à mesure

que la main porte les parties antérieures sur l'arrière-main, il faut que les jambes présentent une résistance qui supporte cette nouvelle pesanteur. Ce mouvement doit se faire insensiblement, afin de ne pas porter en arrière une portion trop lourde pour la force des jambes ; car dans ce cas n'ayant plus assez de puissance pour maintenir l'équilibre de ce côté il reculerait ou se renverserait [1].

Dans le premier cas, ce sont les jambes qui agissent et les mains qui soutiennent ; dans le second cas, le contraire arrive.

L'ensemble de l'emploi des moyens s'appelle l'accord des mains et des jambes. Une fois que l'on possède les moyens de soumettre un cheval à l'obéissance, ce qu'il faut rechercher avec soin, c'est surtout la conservation du cheval en même temps qu'on assure l'agrément, la commodité et la sûreté du cavalier. C'est en mettant un cheval d'aplomb, et en réglant ses allures, qu'on obtiendra ces différents avantages.

[1] Je croyais cette explication assez claire pour n'avoir pas à rappeler le pincer de l'éperon de Pluvinel, et pour croire que l'on ne viendrait pas offrir comme une découverte l'emploi des aides de l'arrière-main pour soutenir un arrêt.

CHAPITRE XV.

Développement des deux chapitres précédents.

J'ai indiqué tout à l'heure comment on pouvait, au moyen de l'action des jambes, faire goûter le mors au cheval ; rien n'est aussi simple que d'appuyer un cheval sur la main, dès que l'on provoque par les jambes le mouvement en avant. Il recherche de lui-même l'appui du mors, se fixe dessus et place sa tête.

La tête ne se dérange que si le point d'appui recherché par le cheval lui est refusé, ou bien si ce point d'appui est trop fort pour sa sensibilité. Quand il ne connaît pas les effets de la bride, si la main du cavalier agit pour demander un changement de direction, il est possible alors que dans ce mouvement on excite la sensibilité du cheval, et qu'on le force à déplacer sa tête ; alors il peut s'armer, s'encapuchonner ou porter au vent. C'est pour cela qu'il est essentiel d'habituer les barres et la barbe à ces différents effets, et ils ne peuvent s'obtenir que par l'appui du mors sur les barres et l'assouplissement de l'encolure, que chacun entend à sa manière. Voilà l'explication des assouplissements de Pluvinel et de Newcastle, de l'épaule en dedans de la Guérinière, et de

tous les moyens mis en usage pour plier les chevaux, lesquels moyens sont les règles du manége. C'est en raison du
point où l'on veut amener le cheval que l'on assouplit plus
ou moins son encolure. Quand on veut obtenir des allures
raccourcies, l'assouplissement doit être plus grand, afin
que la tête se rapproche davantage, et que la masse se porte
sur l'arrière-main, qui trouve alors son soutien dans les
jambes.

Il est un point sur lequel tous les hommes de cheval sont
de même avis, c'est que pour posséder un cheval, l'accord
des mains et des jambes est indispensable. Il ne peut y avoir
diversion que sur l'ordre dans lequel ces moyens peuvent
être appliqués. Doit-on chercher à rassembler le cheval en
faisant agir la main, pour n'employer les jambes que comme
soutien : ou doit-on, au contraire, faire agir les jambes pour
pousser le cheval en avant et l'appuyer sur la main, afin que,
dans cette circonstance, la main, au lieu d'être l'action, soit
le soutien ? Discutons ces deux points pour nous amener à
choisir celui que nous croirons préférable.

Nous avons pu voir que pour ralentir un cheval, l'asseoir,
le rendre léger à la main, les jambes servent de soutien à l'action de la main ; c'est pour cela que plus l'équitation a été
ralentie, plus on a eu besoin du soutien des jambes qui allait
jusqu'au pincer de l'éperon. Les moyens qui peuvent servir
à ralentir le cheval, à le posséder de façon que la main
apparaisse comme action, et les jambes comme soutien, sont

plutôt propres à disposer le cheval à se mouvoir sur place, ou en arrière, qu'à le porter en avant. L'action imprimée sur la main, contre-balancée par le soutien puissant des jambes, rassemble le cheval ; mais cette manière de le mettre dans la main et dans les jambes ne peut produire, lorsque l'on provoque le mouvement en avant, que des allures élevées ou sur place.

Si les jambes cessent de fortement soutenir l'arrière-main, le cheval reculera ; si, au contraire, elles l'excitent plus fort, il ne pourra sortir de cette sujétion que par un mouvement forcé, par une défense. C'est ainsi que les anciens écuyers, obtenaient les courbettes, les lançades, les croupades, les caprioles, qui ne sont, à vrai dire, que des défenses régularisées, que l'écuyer habile sait exploiter en les provoquant. Telle était l'équitation de Newcastle.

Il n'est pas douteux que plus les résistances de l'avant-main seront combattues, plus l'action de la bride aura de puissance, et qu'alors les mouvements ralentis ou rétrogrades seront plus faciles à obtenir. Mais la véritable équitation consiste à savoir commander aux forces et non à les détruire. En les détruisant, on va plus vite, peut-être, pour ralentir et rassembler un cheval, mais aussi ne doit-on plus les trouver quand elles peuvent devenir nécessaires dans un travail qui tend à développer les allures du cheval, en le portant sur les épaules.

C'est en cela que l'équitation, comme l'entendait la Guérinière, était de beaucoup préférable à celle de Newcastle. Ce dernier poussait l'assouplissement si loin que ses chevaux n'étaient guère propres qu'aux exercices ralentis, brillants et assis. La Guérinière, au contraire, tout en faisant de l'équitation ralentie, balançait mieux les forces du cheval et n'obtenait point l'assouplissement au point de détruire ou d'altérer les moyens de développer les allures.

Nous savons parfaitement qu'en pliant l'encolure, en obtenant la flexibilité horizontale de cette partie, on ramènera la tête, ou du moins on la fera tomber promptement, et que l'on ralentira plus facilement les mouvements du cheval, puisque l'on détruit ainsi la force des muscles de l'avant-main, qui dans la nature servent à favoriser le mouvement en avant et la rapidité; mais comme le cheval ne peut développer sa vitesse que lorsque la tête s'éloigne du centre de gravité pour se porter en avant, entraîner après elle le poids des épaules et solliciter les forces de l'arrière-main, comment la tête pourra-t-elle reprendre cette position, lorsque l'assouplissement aura détruit toute la force des muscles de l'encolure, qui servent à porter et à maintenir la tête en avant? Si la tête ne peut reprendre une position absolument nécessaire pour aider au développement des allures, si elle ne trouve plus dans l'encolure le soutien indispensable dans cette circonstance, elle ne pourra plus se déplacer que d'une façon incertaine, flagellante, amenant le désordre dans tous les mouvements du cheval, lorsque l'on voudra développer sa vitesse.

Voilà bien pourquoi Grison, qui tenait aux allures franches et décidées, désirait voir les chevaux *fermes de col*.

C'est pour cela que je préfère et indique la manière de renfermer un cheval dans la main et dans les jambes, en se servant de la main comme soutien et des jambes comme action, c'est-à-dire *en mettant le cheval sur la main au lieu de le mettre derrière la main*.

Il n'est question aujourd'hui que des soutiens à employer quand on veut asseoir les chevaux et les reculer ; mais on ne fait nullement mention de ceux nécessaires pour les faire aller en avant. Ce peut être une chose fort curieuse et fort rare de voir des chevaux galoper et trotter en arrière ; mais comme l'usage veut encore qu'ils aillent en avant, et aujourd'hui plus que jamais peut-être, ce sont des principes qu'il peut être bon de connaître.

En rassemblant le cheval, en le renfermant dans la main et dans les jambes (je dirai à ma manière), il se soumettra tout aussi bien à l'obéissance ; et pour ma part j'y trouve un avantage, c'est que tout en pouvant l'astreindre à un travail ralenti, on peut encore le développer dans toute sa vitesse, et le rendre franc et perçant sur tous les obstacles, chose beaucoup plus difficile et quelquefois impossible avec d'autres méthodes ; c'est ce que j'ai déjà expliqué et ce que je répéterai encore tout à l'heure.

Voilà pourquoi je me garderai bien et ne conseillerai jamais d'assouplir l'encolure, de façon à détruire les forces de l'avant-main, parce que nous savons fort bien que pour la locomotion elles sont essentielles. Ce à quoi il faut tendre, c'est de faire recevoir au cheval, avec confiance, l'appui du mors, et lui en faire connaître les effets.

Dans l'explication déjà donnée, on a pu voir qu'il suffit, pour faire connaître au cheval cet appui, d'assurer la main et de faire agir les jambes, de façon à porter sur la main le poids dont elle a besoin. La main présentant une résistance, contre-balance l'action des jambes, dont les effets peuvent facilement se graduer en raison de la sensibilité du cheval.

Quant à la manière de faire connaître les effets de la bride, si j'ai aussi recours à cet assouplissement, il n'a rien de commun avec d'autres mis en usage aujourd'hui. Si j'offre, par exemple, une résistance sur la barre gauche, afin de travailler cette barre, la résistance sera toujours soutenue par l'action des jambes; plus celles-ci agiront, plus elles porteront le cheval sur la main; il est vrai alors que si la rène gauche maintient toujours sa résistance, le cheval pliera son encolure à gauche étant obligé de céder au point d'appui qu'il recevra sur la barre gauche; mais cet assouplissement, calculé pour faire goûter le mors au cheval et lui ramener la tête, a cet avantage: c'est qu'il peut, comme je l'ai dit, se graduer, et permet de conserver alors à l'encolure la force dont elle a besoin quand il est question d'augmenter les allures.

Si quelquefois un semblable assouplissement est nécessaire pour faire goûter le mors au cheval, il en est un autre
plus essentiel à obtenir, et beaucoup plus rationnel : c'est
celui qui tend à rendre flexible l'articulation de la ganache,
et qui donne de l'élasticité à l'encolure de devant en arrière.
Ce n'est point en portant la tête à gauche et à droite qu'un
cheval, comme toute espèce de quadrupède, recule ou avance :
c'est en portant la tête en arrière ou en avant ; c'est pourquoi
il faut disposer l'encolure à se relever, à s'arrondir, ou à
s'allonger, en raison des résistances ou des soutiens que la
main vient offrir à la bouche du cheval, quand on veut raccourcir ou développer les allures.

En thèse générale, rien n'est aussi simple que d'obtenir cet
assouplissement, parce qu'il est en rapport avec la construction du cheval et ses dispositions naturelles ; quand le cheval
est appuyé sur la main, il suffit de faire exécuter le travail
indiqué dans ce traité, pour promptement donner à l'encolure une élasticité qui lui permet de s'allonger ou de se raccourcir en raison des mouvements que l'on désire obtenir. Il
suffit, comme je l'ai dit, de toujours contre-balancer les effets
de la main par l'action des jambes, varier les résistances de
la main, mais ne jamais abandonner son contact avec la
bouche du cheval.

Pour augmenter la vitesse, plus on poussera le cheval en
avant par l'action des jambes, plus la main modérera sa résistance pour laisser s'allonger l'encolure et éloigner la tête.

à laquelle on offrira ensuite un soutien plus fort de la main,
et calculé sur les pesanteurs envoyées par les jambes.

Pour ralentir, au contraire, les jambes modéreront d'abord
leur effet, la main agira de façon à relever la tête, à la rapprocher, et quand une fois les poids de l'avant-main seront
reportés en arrière, les jambes offriront à leur tour un soutien
calculé sur les pesanteurs envoyées par la main.

En suivant ce travail, en ralentissant et en augmentant les
mouvements du cheval, en marquant des temps d'arrêt fixes
soutenus par les jambes, toutes les fois que l'on voudra changer de direction, on aura bientôt donné ainsi à l'encolure
cette élasticité qui fait que le cheval raccourci ou allongé, sa
bouche sera toujours en contact avec la main du cavalier.

Cet appui certain que le cheval ne redoute plus, sur lequel
il se fixe et s'appuie en raison de l'action des jambes, est
ce que je considère comme la chose la plus essentielle en
équitation, car c'est par ce seul moyen qu'un cheval deviendra
perçant, arrivera franchement sur les obstacles, et ne pourra
même pas se dérober devant les objets qui l'effrayeront.
Poussé par les jambes, maintenu par le poids égal des rênes
et l'appui du mors, il sera renfermé, captivé et entraîné de
telle sorte qu'il ne pourra dévier de la ligne qui lui sera tracée
par la main.

Un cheval, au contraire, porté sur l'arrière-main, et trop
assoupli dans l'encolure, deviendra incertain, abordera les
obstacles sans franchise, et possédera tous les moyens de se

dérober devant un objet effrayant. Dans beaucoup de circonstances, le cheval plie l'encolure pour se soustraire à la volonté du cavalier. C'est le moyen de défense dont il use quand
il refuse de se porter en avant. Que l'on exploite cette disposition quand on est obligé de travailler dans de petits espaces,
où l'on est forcé d'employer tous les moyens pour ralentir
un cheval, rien de mieux ; qu'on l'emploie encore sur des
chevaux qui s'arment ou qui ont une très-grande roideur d'encolure, c'est à merveille ; mais un tel principe ne peut être
admis comme règle générale.

Dans l'usage habituel, on peut asseoir les chevaux, leur
assouplir l'arrière-main, sans pour cela détruire, pour les
ralentir, les forces qui sont indispensables pour obtenir la
franchise et la rapidité. Voilà ce que les Arabes comprennent
parfaitement. Si, par la puissance de leurs mors et par le fait
des attaques perpétuelles de l'éperon, ils asseoient leurs chevaux pour exécuter les fantasia, ils ont bien soin, pour obtenir la rapidité dont ils ont besoin si souvent, de ne pas leur
plier l'encolure. Les chevaux arabes ont le col ferme. Leurs
cavaliers ne plient l'encolure ni à gauche ni à droite, ils ne
l'assouplissent que de devant en arrière.

CHAPITRE XVI.

Résumé des trois chapitres précédents.

Si la tête du cheval, dans l'état de nature, suit une légère diagonale qui porte le nez un peu en avant, quand le cheval est soumis au frein, la bouche cédant à l'impression du mors, l'angle de la ganache se resserre, et la tête se rapproche de la perpendiculaire. Cette position presque perpendiculaire est recherchée de tous les écuyers, parce qu'elle est d'abord l'indice de l'aplomb du cheval, et qu'ensuite le mors a toute son action. Lorsque le cheval se meut, on doit en conséquence chercher à rapprocher le plus possible sa tête de cette ligne. Cette position est ordinairement facile à obtenir et à conserver dans les allures régulières et mesurées, mais dans les allures allongées, la tête ayant besoin de s'éloigner, doit nécessairement chercher à prendre une position plus diagonale. Ce qui peut être outré dans cette nouvelle attitude s'atténue au moyen de l'action et du soutien des aides du cavalier.

Tous les chevaux ne prennent pas indistinctement la position considérée comme la meilleure pour les maintenir en équilibre : plusieurs causes tendent à les en faire sortir. Si quelquefois ce n'est que la position du cavalier et la manière

brusque et inégale dont il travaille, souvent aussi la cause
vient d'une construction vicieuse du cheval. Il est donc essentiel de chercher à les discerner afin d'user des moyens propres
à y remédier.

Quand un cheval porte sur les parties antérieures, on dit
qu'il *est sur les épaules* ; quand au contraire il porte davantage sur l'arrière-main, *il est trop assis*. L'inégalité de forces
ou de souplesse entre ces parties produit l'un ou l'autre
effet ; mais une fois le cheval renfermé dans la main, et dans
les jambes, représentant des poids et des appuis, il suffit,
pour mettre le cheval en équilibre et contre-balancer ses mauvaises dispositions, de donner à ses moteurs une action plus
ou moins pesante. On sent qu'étant près de son cheval, on
obtiendra plus promptement un bon résultat, puisque les
pressions pouvant se faire sentir insensiblement, elles pourront agir par degré jusqu'au point qui fera effet, tandis qu'au
contraire, arrivant par à-coup, elles pourraient être trop
fortes, surprendre le cheval, et par cela éloigner du but que
l'on désire atteindre.

CHAPITRE XVII.

Des causes qui portent un cheval sur l'avant-main. Moyen d'y remédier.

Toutes les fois que le cheval sort de son aplomb pour se porter en avant, il cherche un appui sur le mors. Cet appui varie en raison de sa construction et de sa sensibilité.

1° Lorsque l'encolure est lourde, peu souple, que la tête est mal attachée et pesante, leur poids en s'éloignant du centre de gravité surchargera les épaules ; en conséquence, le cheval prendra un appui sur la main :

2° Lorsque la liberté et la force de l'avant-main seront inférieures à celles de l'arrière-main, l'action d'une force plus grande tendant encore à surcharger la plus faible, le cheval recherchera de même un soutien sur le mors ;

3° Enfin, lorsqu'une grande roideur dans les hanches et les jarrets, roideur produite souvent dans cette dernière partie par différentes tares, ne permettant pas à l'arrière-main de s'assouplir pour établir l'équilibre, les épaules auront encore à supporter une pesanteur plus forte, comme dans les deux autres cas, le cheval s'appuiera sur la main.

Néanmoins les moyens d'action qu'un cavalier peut posséder le mettent dans le cas d'atténuer ces difficultés.

Lorsque l'encolure est épaisse et roide, que la tête est lourde et mal attachée, le cheval s'appuie sur le mors en baissant et en éloignant la tête. Pour combattre cette disposition, il faut premièrement assouplir l'encolure. Cet assouplissement s'obtient en travaillant le cheval au pas; la main de la bride étant légèrement fixée, on ouvre la rène du côté de la main restée libre, et l'on offre de petites résistances pour engager le cheval à plier l'encolure; quand à la suite d'une résistance le cheval rend la tête ou plie l'encolure, on mollit la main, afin de reposer la bouche; on arrête souvent, on recule quelques pas, afin d'habituer les barres à l'action du mors. Quand le cheval est en place, en diminuant la sujétion de la bride on badine la rène sur laquelle on agit, afin d'engager le cheval à tourner la tête et plier l'encolure.

Ce travail s'alterne tantôt à main droite, tantôt à main gauche, en ayant soin d'exercer davantage le côté le plus roide. Lorsque l'encolure est assez assouplie, et qu'alors la tête se rapproche, la main doit offrir des résistances douces et inégales pour maintenir le cheval en équilibre, marquant des arrêts pour reporter sur l'arrière-main le poids qui revient sur les épaules, et cessant de soutenir ensuite, pour éviter que le cheval ne se reporte trop promptement en avant. Car, dans cette circonstance, si l'on donnait à la bouche un soutien trop fixe et trop marqué, l'avant-main reprendrait infailliblement sa pesanteur, et même alors un trop grand assouplissement de l'encolure n'aurait servi qu'à le faire s'encapuchonner.

Voilà pourquoi il y a danger de trop assouplir un cheval ayant la tête lourde : les inconvénients qui résultent de ce défaut s'augmentent en raison de la pesanteur de la tête.

Le cheval qui s'encapuchonne est généralement celui dont l'encolure est longue et flexible. Pour combattre ce défaut, on doit nécessairement éviter d'assouplir l'encolure et d'appliquer les moyens qui tendent à fixer et à baisser la tête, car en agissant ainsi on accroîtrait la difficulté au lieu de la combattre. On doit donc, dans ce cas, assouplir l'arrière-main du cheval avec les jambes, afin de l'asseoir ; ne faire agir la main, en la tenant élevée, que pour reporter sur les hanches le poids qui peut surcharger les épaules et refuser ensuite à la bouche cette fixité de point d'appui dont le cheval profiterait pour s'encapuchonner de nouveau. Cette mauvaise disposition se combat encore en alternant les résistances de la main, tantôt avec la bride, tantôt avec le bridon. Ce dernier agissant sur les lèvres et le haut de la bouche, sert à élever la tête du cheval ; de petites saccades de bridon, en cette circonstance, sont très-bonnes ; elles élèvent la tête, entretiennent dans la bouche une incertitude essentielle à conserver sur un cheval ayant le défaut de s'encapuchonner.

Lorsque la liberté et les forces de l'arrière-main sont supérieures à celles de l'avant-main, on peut impunément asseoir le cheval, faire agir les jambes pour gagner et assouplir les hanches, et faire agir la main avec assez de puissance pour rejeter sur l'arrière-main le poids qui tend à se porter en avant. Ces arrêts doivent être suivis néanmoins d'une sorte d'abandon dans l'action de la main, afin que le cheval, ne trouvant plus un soutien assez ferme par devant, soit forcé de faire supporter aux hanches le poids qui se serait porté sur les épaules, si ces dernières avaient été trop soutenues.

Les jambes, tout en assouplissant les hanches, servent en même temps de soutien à l'arrière-main pour recevoir les pesanteurs envoyées par la main. Ce travail doit se continuer jusqu'à ce que l'on sente le cheval maintenu sur les hanches ; alors on donne à la main une légère fixité afin d'assurer la tête et régler le mouvement des épaules.

Toutefois, dès que le cheval, en raison d'un mouvement plus rapide ou pour toute autre cause, cherche à reprendre un trop fort point d'appui, on recommence à marquer des temps d'arrêt assez forts, suivis d'un soutien très-léger, d'une espèce d'abandon dans la main qui s'obtient en cessant de faire agir les muscles de la main et du bras.

Quand la roideur et la sensibilité des jarrets engagent le cheval à se porter sur les épaules, il place ordinairement le nez au vent, roidit son encolure, et ne prend sur le mors qu'un appui incertain. Il devient dans ce cas nécessaire de placer très-bas la main de la bride, en présentant alors à la bouche un appui léger toujours égal; au moyen de cette fixité, l'appui que prendra le cheval deviendra plus certain. Une fois qu'il sera assuré dans ce point d'appui, on cherchera, en le marchant au pas, à le plier à droite et à gauche, ainsi que je l'ai indiqué tout à l'heure: on l'arrêtera, on essayera de le reculer, on badinera alternativement les deux rênes. En usant judicieusement et sans force de ces divers moyens, l'encolure s'assouplira promptement, et la tête prendra une meilleure position. Pendant que les mains agiront ainsi pour ramener et assouplir le devant, les deux jambes resteront également tombantes, elles maintiendront simplement l'arrière-main et empêcheront le cheval de reculer ou de se traverser. Une fois que la tête sera fixée sur le point d'appui offert par la main, qu'enfin on se croira maître de l'avant-main, le cavalier commencera à travailler les hanches afin d'assouplir et placer l'arrière-main.

Je suppose que l'on veuille commencer à assouplir la hanche droite. le cavalier prendra les rênes de la bride dans la main droite, fixera cette main pour maintenir la tête et arrêter le mouvement de l'avant-main. La main gauche agira alors sur la rêne gauche pour plier le bout de devant à gauche, et fermera la jambe gauche pour faire échapper l'arrière-main à droite. Dans ce mouvement la jambe droite doit rester tombante, et ne devra agir que dans le cas où il deviendrait nécessaire de rectifier l'effet trop marqué qu'aurait pu produire la jambe gauche. Dans l'hypothèse, au contraire, où la jambe gauche ne produirait pas assez d'effet, on la fermerait jusqu'à l'éperon, que l'on ferait sentir légèrement par petits à-coup le long des aides. Enfin, si le cheval se poussait sur l'éperon, ou ruait à la botte, ce qui arrive quelquefois, on pincerait vigoureusement l'éperon gauche pour rejeter les hanches à droite. Dans tout ce travail de l'arrière-main, les mains du cavalier doivent rester fixes en maintenant le pli à gauche du devant, ce qui aide à tenir l'arrière-main à droite. Comme je l'ai dit tout à l'heure, un travail semblable s'alterne ; on a soin toutefois d'exercer davantage le côté le plus roide. En agissant avec ménagement et en raison de la force du cheval, ce dernier sera bientôt ramené et assoupli ; tandis qu'au contraire, en agissant avec trop de forces, si l'on veut le ramener trop promptement, l'arrière-main recevant une sujétion insupportable, le cheval peut se cabrer, se renverser, se porter en avant avec violence, s'appuyer sur le mors avec tant de force que le cavalier n'en sera plus maître.

CHAPITRE XVIII.

Des raisons qui portent un cheval sur l'arrière-main.

Lorsque l'avant-main sera élevée, que les épaules seront libres, tandis que les reins seront faibles, les hanches courtes, les jarrets tarés ou sans force, l'arrière-main ayant à supporter la supériorité de l'avant-main, et se trouvant ainsi surchargée, s'affaissera.

Dans cette circonstance, lorsque le cheval marche, les mouvements des épaules et des bras sont très-marqués, très-élevés, quoique couvrant peu de terrain ; l'avant-main semble tirer après elle les parties postérieures qui paraissent se trainer au lieu de pousser le cheval en avant.

Quand les mouvements sont raccourcis, la tête du cheval se rapproche de la perpendiculaire, et reste dans cette position en ne prenant sur la main qu'un poids léger et incertain.

La tête ne sort de cette attitude, pour porter au vent, que lorsqu'une main inhabile, saccadant la bouche, vient exciter la sensibilité de l'arrière-main.

Lorsqu'un cheval ainsi construit est obligé de sortir de ses allures raccourcies pour les développer, il est plus que tout autre forcé de se servir de son encolure et de sa tête, pour former un levier qui doit lui aider à entraîner sa masse en avant. Il doit donc allonger l'encolure et baisser la tête pour charger les épaules, et laisser à l'arrière-main tous les moyens possibles d'action.

Afin de tirer parti d'un semblable cheval, il faut dans les allures raccourcies donner à la main une fixité moelleuse qui l'engage à s'appuyer dessus, et n'exiger que des mouvements simples, réguliers, ne peuvant exciter aucunement la sensibilité de l'arrière-main.

Dans les allures allongées, la main doit être basse, afin de permettre à la tête de se baisser, et fixe, afin d'offrir à la bouche un appui sans lequel l'allure ne pourrait se développer.

On conçoit qu'avec des chevaux semblables il faut être très-sobre des assouplissements d'encolure ; il est nécessaire, au contraire, de conserver à cette partie toute sa force, et je dirai même sa roideur, sous peine de condamner le cheval à ne plus marcher que des allures raccourcies, flagellantes, incertaines.

Si le cheval, abusant du point d'appui que lui offre la main, venait à trop s'appuyer dessus, il suffirait de marquer quelques résistances pour relever l'encolure et la tête, et rendre alternativement la main, ainsi que je l'ai expliqué déjà.

Quand les épaules sont roides, mais élevées, quand les jarrets et les hanches ont de la force et de la flexibilité, le cheval pourra se porter encore sur l'arrière-main : l'avant-main n'ayant pas alors un développement en rapport avec les forces de l'arrière-main, cette dernière partie, afin de pouvoir se développer, sortira de la ligne des épaules. Dans ce cas la tête se rapproche de la perpendiculaire, et quelquefois se recule en s'encapuchonnant, sans pour cela prendre sur la main un point d'appui ; le cheval trépigne du devant, tandis que les hanches se traversent.

Pour régulariser le cheval en cette circonstance, il faut premièrement donner à l'action de la bride une liberté qui permette à l'encolure de s'allonger afin de donner aux mouvements de l'avant-main tout le développement dont ils sont susceptibles ; faire agir ensuite les jambes pour maintenir les hanches sur la ligne des épaules, et tâcher de régler leurs mouvements sur ceux de l'avant-main. Il devient essentiel alors de faire agir les jambes très-froidement, afin de ne pas provoquer dans l'arrière-main une action élevée qui cesserait de se coordonner avec celle de l'avant-main.

Les chevaux de cette nature, peu propres aux exercices du dehors, sont très-bons pour travailler dans de petits espaces, dans un manége : tout le liant, toute la force de cette arrière-main s'utilisent pour asseoir le cheval et obtenir un travail de hanches qu'il est, en raison de sa nature, très-disposé à donner.

CHAPITRE XIX.

Résumé des deux chapitres précédents.

Si les diverses causes que je viens de signaler peuvent mettre un cheval hors de son aplomb, des chevaux d'une excellente construction peuvent aussi en sortir en raison des exercices violents auxquels on les soumet.

Un cheval peut paraître roide et décousu, quoique possédant toutes les qualités requises pour être souple, liant, d'accord dans ses mouvements. Il est facile de comprendre alors que du jour où, sorti d'un exercice violent, on le remet dans un travail régulier, il peut promptement déployer les qualités qui lui sont propres.

Des chevaux de cette nature font à bon marché la réputation de celui qui les dresse ; les ignorants, et le nombre en est grand, ne peuvent pas comprendre, sans croire au prodige, qu'un cheval de course ou de chasse auquel ils ont vu l'encolure tendue, la tête en avant, se portant sur les épaules en s'appuyant sur la main, puisse plus tard ramener la tête, avoir l'encolure souple et la bouche légère. Rien n'est cependant aussi simple. Que cherche-t-on quand on prépare un cheval à l'exercice des courses ? c'est de lui faire prendre une position favorisant le plus la rapidité. La liberté de ses épaules, la force de son arrière-main, ne sont employées alors que pour lui faire couvrir le plus de terrain possible, et non pour le faire piaffer et s'asseoir.

Mais ces ressorts n'en existent pas moins. S'ils ont servi dans la course à déployer la vitesse, c'est qu'ils ont été employés de façon à amener ce résultat ; qu'on les emploie ensuite d'une façon diamétralement opposée, on amènera le résultat contraire.

Il n'existe certainement aucune analogie dans les moyens qui tendent à ralentir un cheval avec ceux employés pour le pousser en avant. Nécessairement, celui qui a été soumis à l'entraînement, habitué à se porter sur les épaules, à tendre son encolure, à prendre un point d'appui sur la main, ne s'asseoira pas si l'homme qui le monte agit de façon à le maintenir dans cette position, et s'il cherche à le ralentir en offrant des points d'appui sur la main, dont le cheval profitera toujours pour s'emporter.

Il devient essentiel, sans aucun doute, d'user d'un autre moyen, si l'on veut rassembler un cheval et obtenir des allures ralenties. Au lieu de maintenir la tête éloignée et l'encolure roide, il faut, au contraire, assouplir cette encolure pour rapprocher la tête, relever les épaules et ne plus se servir des jambes pour pousser le cheval sur la main ; mais, bien au contraire, les employer à travailler les hanches pour asseoir le cheval et lui rendre la bouche légère.

Le luxe se servant aujourd'hui à Paris de chevaux ayant chassé en Angleterre ou couru sur nos hippodromes, ils sont tous disposés de la même manière, c'est-à-dire préparés pour aller devant eux. Aussi les rares difficultés qu'offrent ces chevaux sont-elles toujours les mêmes, résultant de leur éducation première. Ayant conservé l'encolure roide et la tête en avant, ils cherchent à gagner à la main et à mettre le nez au vent. Dans cette circonstance il n'y a aucun doute que l'assouplissement de l'encolure n'amène de très-bons résultats.

En présence de chevaux déjà préparés pour offrir la même difficulté, on a jugé les généralités sur l'exception, et l'on a pensé qu'un système d'assouplissement devenait infaillible et pouvait s'appliquer sur tous les chevaux. L'application de ce système généralisé a déjà prouvé que si quelques personnes ont obtenu des résultats efficaces, d'autres n'en ont tiré que de cruelles déceptions.

J'ai expliqué tout à l'heure, dans les deux chapitres précédents, les circonstances où l'assouplissement ne peut être employé avec succès. J'aurai sans doute encore occasion de traiter cette question.

En raison de la manière de voir d'une nation, de ses usages et de ses besoins, l'équitation a pu varier. Ainsi l'Angleterre et l'Allemagne diffèrent dans leurs principes : les premiers s'occupent de courses et de chasse, et considèrent la vitesse comme première qualité. Ils usent, dans l'éducation des jeunes chevaux, des moyens propres à les pousser en avant ; aussi, généralement, les chevaux anglais sont-ils plus sur les épaules que sur les hanches, et ont-ils par conséquent la bouche un peu ferme. Il résulte de cette éducation que le devant s'use plus tôt que le derrière.

Les Allemands, au contraire, travaillent spécialement dans les manéges et s'occupent particulièrement de l'équitation militaire. Ils tiennent à avoir des chevaux ralentis et maniables. Pour obtenir ce résultat ils les portent plus sur l'arrière-main que sur le devant. Il arrive que les chevaux de ce pays ont tous des allures plus raccourcies, les mouvements de l'avant-main plus légers et la bouche très-fine. Dans ce cas les jarrets s'usent plus tôt que les épaules, et les chevaux manquent toujours par l'arrière-main.

Nous devons rechercher dans notre équitation un intermédiaire, et faire en sorte de nous rapprocher des principes anglais, sans en adopter ce qu'ils ont de mauvais, de même que nous devons modifier le système allemand, qui est celui dont nous nous sommes le plus rapprochés.

Ce résultat sera d'autant plus facile à atteindre qu'il se rapproche plus de la nature.

CHAPITRE XX.

De l'embouchure.

D'après les explications développées dans les chapitres précédents, on sentira que chaque cheval doit être embouché en raison de sa construction et de sa disposition.

Le mors devant régler, arrêter et diriger les mouvements, est le principal agent qui sert à rétablir l'équilibre; mais il faut ici consulter les causes qui font sortir un cheval de son aplomb, avant d'employer des embouchures plus ou moins dures.

Le mors servant à arrêter le cheval, contribue dans cette action à surcharger le derrière; il est aisé de comprendre que plus l'arrière-main sera douloureuse, plus elle sera sensible à l'action du mors, et qu'alors celui-ci aura besoin de moins de dureté pour agir. Ainsi l'on voit qu'un cheval n'a pas la bouche légère seulement parce qu'il a les barres tranchantes et la barbe sensible. Il arrive encore que le cheval, faible de derrière, prend de l'appui à la main en se portant sur les épaules. Ce ne sera pas non plus par des embouchures dures que l'on parviendra à rétablir l'équilibre; car plus on excitera la sensibilité de l'arrière-main, plus aussi, pour se soulager, le cheval se portera en avant. Il faut dans ce cas, pour l'assujettir et régler ses mouvements, user de même d'un mors assez doux pour ne point provoquer la souffrance de l'arrière-main.

Lorsqu'au contraire le cheval porte sur le devant, soit par la dureté de la bouche ou par la pesanteur des épaules ou de l'encolure, il faut alors user d'embouchures assez dures pour exciter la sensibilité, faire craindre la sujétion du mors, et avoir par là le moyen de reporter sur l'arrière-main l'excédant du poids qui charge le devant.

Je n'entrerai pas dans le détail minutieux de la confection du mors : trop de personnes ont écrit sur cette matière. Tout homme qui s'est un peu occupé de chevaux sait que plus les canons sont minces, la liberté de langue étroite et élevée, plus le mors sera dur ; que cette dureté augmentera par la longueur des branches, qui, offrant un levier plus long, ont une action plus grande, et qu'enfin on augmente encore cette dureté par des gourmettes à mailles saillantes ; qu'au contraire plus les gourmettes sont plates, les canons gros, la liberté de langue basse et large, et les branches courtes, plus les embouchures sont douces. (Il m'est arrivé d'employer sur des chevaux dont la barbe était sensible des gourmettes en cuir ; ce qui m'a parfaitement réussi.)

Une fois que l'on connaît les causes qui font sortir un cheval de son aplomb, il est aisé de lui choisir une embouchure qui lui convienne ; mais surtout que l'on commence sur les jeunes chevaux à user du mors très-doux, pour ménager la fraîcheur de la bouche, sauf à changer plus tard ces embouchures si elles ne font pas assez d'effet [1].

D'après la manière dont je conçois l'action du mors et des divers effets des rênes, je fais en général peu de cas des mors brisés et de ces inventions qui ne produisent guère que l'effet d'un bridon, ou qui n'agissent que partiellement dans la bouche du cheval.

Ces embouchures, qui peuvent être applicables sur les carrossiers ou jeunes chevaux de selle, n'ont point un effet assez exact lorsqu'il s'agit de finir un cheval. Ce que l'on considère comme un avantage dans les mors dont les branches sont mobiles, c'est de pouvoir agir sur un côté de la bouche sans que l'autre en ressente d'effet. Ces avantages sont pour moi des inconvénients, parce que je considère comme essentielle la propriété qu'offrent les mors fixes de pouvoir assujettir la tête d'une manière positive ; de même je considère

[1] *Quand on maintient un cheval dans des allures raccourcies, et que les hanches sont assouplies, etc...* Nul doute que les chevaux ainsi montés ne puissent se mener, à peu près tous, avec le même mors ; mais il ne faut pas en déduire pour cela que la sensibilité des barres et de la barbe soit la même chez tous les chevaux. C'est une erreur trop facile à combattre pour que je prenne la peine de la discuter longuement. On prétend aujourd'hui qu'un peu plus d'épaisseur dans les chairs et les tissus qui recouvrent les barres et la barbe ne peuvent influer sur le plus ou moins de dureté de la bouche, dont la sensibilité est, assure-t-on, toujours la même. Il faudrait conclure de cela qu'un petit éparvin, un petit jardon, sont des tares tellement infimes, eu égard à l'ensemble du cheval, qu'il n'est pas possible aussi que les chevaux y soient sensibles, et puissent en boîter.

comme un très-grand avantage, quand on agit avec une seule rène, que l'action de cette rène puisse se prolonger et se faire sentir du côté opposé, parce qu'alors cette action d'un côté, trouvant un soutien dans le côté opposé, fait exécuter au cheval un mouvement plus assuré et plus juste.

(Voyez le chapitre de l'action du mors dans la bouche du cheval et des effets des rènes.)

CHAPITRE XXI.

Des allures.

Le pas, le trot et le galop sont les trois allures qu'on doit exiger aujourd'hui d'un cheval de selle.

C'est par l'arrière-main que la masse se porte en avant ; l'avant-main reçoit son action et se développe en raison de la plus ou moins grande extension des parties postérieures.

Les allures sont susceptibles d'augmentation et de diminution : ainsi on peut marcher le pas, le trot et le galop, d'aplomb ou assis, ou trop sur les épaules.

Les allures naturelles aux chevaux de selle sont le pas et le galop ; le trot n'est qu'une allure intermédiaire dont le cheval en liberté use peu ; elle ne lui sert qu'à passer du pas au galop, ou du galop au pas et au repos.

Nos habitudes et nos besoins nous ont fait rechercher l'allure du trot : aussi nous attachons-nous à présent à prendre, pour la reproduction, les chevaux qui la marquent le mieux, comme aussi nous travaillons à la rendre familière à nos jeunes chevaux.

Dans le moyen âge cette allure ne ressemblait en rien à ce qu'elle est de nos jours. L'espèce des chevaux, la pesanteur des armures et l'usage n'en donnèrent pas l'idée ; le trot était un pas tride et cadencé qu'on appelait le *passage* ; cette allure, plus relevée que le pas, donnait du brillant aux destriers qu'on dressait pour les combats. Les règles de nos manéges, instituées d'après les besoins de la cavalerie de cette époque, ne font jamais mention du trot, et ne le désignent que sous ce nom de *passage* [1].

Ce n'est que depuis bien peu de temps que le trot allongé a été rangé au nombre des allures du cheval de selle ; il n'avait jamais été considéré que comme propre aux chevaux d'attelage. Cette idée avait été poussée si loin, qu'en France les postillons de chaise et d'attelage, montés sur des chevaux

---

[1] Le *destrier* était le cheval de combat, et ne servait qu'à cet usage ; aussi était il dressé comme je l'indique. Les chevaliers hors de combat, ainsi que les femmes, avaient pour leurs courses le *palefroi* et la *haquenée*. Ces chevaux, d'une espèce différente, marchaient une allure rapide et mélangée de trot et de galop qu'on appelait le pas relevé. Cette espèce s'est conservée dans la Normandie ; elle sert de monture aux cultivateurs de cette province.

de trait, ne trottaient jamais ; tant l'usage avait de force et tant on trouvait incompatible cette allure avec la posture et la commodité du cavalier.

Il n'y a que très-peu de temps que l'on a réformé dans les attelages à la française l'usage de mettre le porteur au galop ; mais en changeant l'allure on n'a pas permis aux cavaliers de remédier aux inconvénients produits par les réactions. Nous avons l'exemple que depuis ce changement plusieurs postillons ont été estropiés ou sont morts de la poitrine [1].

C'est de l'Angleterre que nous est venue cette allure allongée. Les Anglais, pour jouir des avantages de la rapidité, tout en cherchant à éviter les effets de réactions si fatigantes, ont imaginé, pour en user commodément, ce temps enlevé qui, en donnant le moyen de parer le contre-temps, permet au cavalier de conserver la finesse de ses aides, la fixité et la justesse de sa main ; avantage qu'on ne peut obtenir lorsque, s'abandonnant à des secousses violentes, le cavalier est souvent obligé de prendre sur sa main et sur ses aides, pour se maintenir, des points d'appui brusques et inégaux, contribuant à dérégler le cheval.

---

[1] Cet ouvrage fut écrit en 1824, époque où nous avions encore dans les écuries du roi tous les attelages à la française ; le temps et la mode ont fait depuis sentir l'inconvénient que je signale.

CHAPITRE XXII.

Du pas.

Le pas étant la plus lente des allures, les jambes agissent alors avec moins d'extension et de rapidité. Les pieds qui s'élèvent et s'appuient diagonalement se succèdent dans leurs appuis, de façon à laisser entendre quatre temps distincts pour chaque pas; plus les battues sont égales, plus cette allure est régulière.

CHAPITRE XXIII.

Du trot.

Dans le trot, les jambes suivent la même marche, avec cette différence que l'allure étant plus allongée et plus vive, les membres prennent alors plus de développement et les pieds se remplacent avec plus de promptitude.

Dans le trot comme dans le pas, le pied droit de devant

et le gauche de derrière soutiennent le cheval tandis que les
deux autres sont en l'air ; mais les jambes qui s'élèvent, au
lieu de retomber l'une après l'autre comme dans le pas,
tombent ensemble à terre, et ne font entendre par chaque
temps de trot que deux battues ; la première marquée par le
pied droit de devant et la jambe gauche de derrière, la seconde par les deux autres. Quand les battues se font entendre également, l'allure est régulière ; il n'en est ainsi que
lorsque chaque côté parcourt une même étendue de terrain.

CHAPITRE XXIV.

Du galop.

Dans le galop, les jambes marquent toujours leur appui
diagonalement, mais elles agissent d'une manière différente :
au lieu de venir alternativement en avant comme dans le pas
et le trot, un seul côté agit toujours le premier ; le cheval
marche par des sauts répétés, qui font qu'à chaque temps il
quitte terre.

Il résulte de l'ordre dans lequel les jambes se meuvent
que le cheval marche toujours un peu de travers, puisqu'un
côté est plus avancé que l'autre, et que deux jambes ont à

supporter, pendant toute la durée des temps du galop, une plus grande partie de la masse.

Lorsqu'un cheval court à droite on conçoit que la jambe de devant qui entame le terrain, étant la plus élevée et la plus avancée, aura besoin pour conserver cette position de s'appuyer sur la jambe gauche de devant ; mais à son tour celle-ci restant en arrière contribuera à reculer la partie gauche de l'arrière-main, et fera supporter à la jambe droite de derrière, qui s'appuie à terre avec elle, l'excédant du poids qui l'empêcherait d'agir. Le côté droit de derrière étant plus avancé, il est évident qu'il contribue plus que le gauche à pousser la masse en avant, puisque dans cette position il est plus près du centre de gravité et qu'il conserve cette position tant que dure le galop à cette main : dans ce cas le jarret aura une flexion plus grande, et dans son extension il portera plus que le gauche la masse en avant ; ce dernier aide soutient et maintient l'action du côté droit.

Quand le côté de l'arrière-main qui contribue le plus à porter la masse en avant se fatigue, le cheval cesse de le faire agir avec la même force ; alors la partie qui était la plus reculée passe devant et remplit à son tour les fonctions de celle qui, ayant diminué son action, reste derrière. C'est ce qu'on remarque dans les chevaux qui ont de mauvais jarrets, et qui se désunissent à chaque instant pour soulager alternativement les parties souffrantes et trop chargées de leur arrière-main.

Il arrive encore que pour soulager l'arrière-main qui est plus chargée en raison de ce qu'on ralentit les allures, le cheval, pour se soustraire à une trop forte sujétion, se porte sur les épaules et de là sur la main, afin de reporter sur les parties antérieures une pesanteur qui surchargerait les parties postérieures. Dans ce cas, l'allure devient plus allongée, et le cheval prend la position expliquée dans le chapitre : DE LA POSITION DU CHEVAL PORTANT SUR L'AVANT-MAIN ; ou bien si la main rejette la masse en arrière, le cheval, pour éviter la sujétion, *se traversera*, c'est-à-dire fera tomber les hanches hors de la ligne des épaules.

Nous voyons que plus le galop est raccourci, plus le cheval est assis, et qu'alors l'arrière-main en fléchissant, faisant élever le devant, le rend par conséquent plus léger. Ainsi, lorsqu'on veut augmenter l'allure, il faut nécessairement porter sur l'avant-main une portion du poids qui surcharge la partie postérieure, et l'empêche de se développer, en raison de la vitesse que l'on veut obtenir. Moins cette partie sera chargée, plus elle aura de force pour chasser le devant, qui alors se chargera à mesure que le derrière prendra de l'élévation.

Plus le galop se déploie, plus les jambes qui doivent rester en arrière se rapprochent de la ligne de celles qui entament le terrain ; alors le poids se partage plus également, et dans la répétition des sauts qui marquent les temps de galop, les deux portions de la partie postérieure et de l'avant-main chassent ou reçoivent des poids presque égaux. Plus l'arrière-main chasse avec force, plus l'avant-main reçoit de pesanteur, et plus alors elle a besoin d'appui.

CHAPITRE XXV.

Résumé.

En résumant les précédentes propositions, nous verrons que l'accord et la régularité dans l'action des jambes du cheval produisent des allures égales et franches. Des vices de construction, ainsi que l'habitude que prend un cheval de se servir plus d'un côté que de l'autre, amènent un dérèglement dans les allures ; c'est à l'écuyer à savoir discerner ces défauts et à travailler à les rectifier.

Nous avons déjà dit que l'aplomb du cheval cessait d'exister en raison de la souffrance : les allures sont irrégulières par les mêmes motifs ; car si le derrière pousse le cheval en avant, le devant a aussi à supporter, comme nous l'avons également dit, l'action de l'arrière-main. Il est donc nécessaire qu'il y ait rapport dans la force de ces deux parties, pour que les allures soient franches et rapides : ainsi, quelque force que puisse avoir un cheval dans l'arrière-main, il man-

quera de vitesse si son devant est faible ; la vitesse manquera
de même dans le cas contraire.

Les chevaux étant doués de forces plus ou moins grandes.
ils sont aussi susceptibles de plus ou de moins de célérité.

Ce qu'il faut rechercher en raison des différences de chevaux, c'est d'accorder leurs moyens, de balancer leurs forces
et leurs faiblesses, et de faire supporter aux parties qui sont
le plus en état un excédant de poids qui établira l'aplomb et
donnera au cheval une liberté qui facilitera ses mouvements.
Les mains et les jambes du cavalier sont employées pour conserver cet équilibre et soutenir les parties qui ont besoin de
leur secours.

CHAPITRE XXVI.

Des moyens d'exiger les allures. — Explication préliminaire.

Au nombre des explications que j'ai données jusqu'à présent, j'ai parlé de l'action différente de chaque moteur. J'ai
démontré que l'action des moteurs de l'arrière-main se con-
tre-balançait avec celle des moteurs de l'avant-main, comme
j'ai expliqué aussi que les deux rênes dans leur travail res-

pectif, ainsi que les deux jambes, devaient se prêter un mutuel secours. Lorsque chacun de ces moteurs n'a pas une
action égale, je définis ainsi leurs diverses fonctions : le moteur qui agit et celui qui soutient. Le côté agissant est celui
qui détermine le mouvement, c'est-à-dire celui qui pousse la
masse dont il est chargé dans une direction quelconque,
tandis que celui qui soutient n'a d'action que pour recevoir
cette pesanteur et la maintenir. Il est aisé de sentir que plus
le moteur qui agit poussera vers un point, plus celui qui soutient aura à supporter.

Ainsi, lorsque la bride porte le poids des épaules sur l'arrière-main, c'est la main qui agit et les jambes qui soutiennent ; lorsqu'au contraire les jambes chassent la masse en
avant, ce sont elles qui agissent et la main qui soutient.

Il en est de même pour l'action séparée des jambes : lorsque la jambe droite pousse l'arrière-main à gauche, c'est
la jambe gauche qui soutient ; les mêmes effets ont lieu pour
les rênes.

Si dans ces divers cas le moteur qui soutient est trop surchargé, c'est que celui qui agit pousse avec trop de force ; il
faut alors pour y remédier arrêter ce moteur et ne plus le
considérer que comme soutien, tandis qu'on fait agir celui
qui soutenait. Par ce balancement bien calculé on obtient
chez le cheval les diverses allures ; elles s'augmentent, se
diminuent, se changent et s'arrêtent.

Nous savons que plus les allures sont allongées, plus le

cheval pèse sur le devant, et plus elles sont raccourcies, plus il est sur l'arrière-main.

Mais, afin que chacune d'elles puisse s'établir, le cheval doit rechercher d'abord des appuis propres à les déterminer. Ces appuis diffèrent en raison de chaque allure, et tendent à faire sortir un cheval de son aplomb ordinaire. Il faut donc pour prendre l'une ou l'autre savoir placer le cheval, ou lui donner une disposition qui soit en rapport avec l'allure que l'on exige.

Une fois les allures déterminées, on les augmente, on les diminue selon le besoin, en donnant une action calculée aux forces qui soutiennent et à celles qui poussent ; mais lorsqu'il s'agit d'en changer, il faut retomber dans les principes et user des moyens nécessaires pour obtenir une nouvelle allure.

CHAPITRE XXVII.

Moyens de mettre un cheval au pas.

C'est au pas que le cheval marche le plus d'aplomb. L'allure étant moins rapide, les jambes ayant besoin de moins d'extension, et se portant alternativement en avant, elles se partagent plus également le poids du cheval.

Pour obtenir l'allure du pas il faut faire agir les jambes légèrement et par degré, afin que trop de force ne lui fasse pas éprouver une sensation qui pourrait l'engager à passer à une allure plus allongée. A mesure que les jambes agiront pour porter le cheval en avant, la main doit se fixer légèrement pour maintenir le devant et régler les mouvements et la marche du pas. Plus on veut allonger cette allure, plus il faut faire agir les jambes en présentant à la bouche un soutien, qui, engageant le cheval à s'appuyer sur la main, trouvera par cet appui le moyen de donner un plus grand développement aux épaules. Pour le ralentir, les jambes doivent diminuer d'action, tandis que la main, ayant servi de soutien dans le pas allongé, agira alors pour décharger les épaules et arrêter leur développement.

Lorsque l'on veut obtenir un pas léger et cadencé, on augmentera en même temps l'action des mains et des jambes.

Les jambes du cheval se portant alternativement en avant, pour que le pas soit régulier, elles doivent embrasser une même étendue de terrain; il est donc nécessaire, pour ne point déranger cette régularité, que le cavalier renferme son cheval entre des pesanteurs égales qui contribueront à le maintenir droit.

Étant maintenu entre deux poids égaux, s'il marchait inégalement, cela viendrait d'un défaut de construction, qui en donnant plus de force à un côté ferait marcher le cheval de travers[1].

Lorsqu'un cheval marche de travers, il y a un côté plus avancé que l'autre. Il faut pour redresser ce côté user de moyens qui puissent le maintenir ou le faire reculer, et qui en même temps feront avancer le côté opposé. Nous avons vu dans l'action des rênes que pour reculer une épaule il fallait tirer à soi la rêne qui agissait sur cette épaule : en arrêtant ainsi son développement on aidera celui de l'épaule opposée ou du moins en ralentissant la première on met la seconde dans le cas de passer en avant ou de marcher sur la même ligne.

Il en est de même pour les jambes : lorsqu'une seule agit elle tend à pousser l'arrière-main du côté opposé à son action, et par conséquent à faire marcher ce côté le premier. Ainsi, lorsque par un défaut de construction le cheval marche de travers, il faut, par l'effet d'une rêne ou d'une jambe, rectifier son allure, en arrêtant ou maintenant plus fort le côté qui va trop en avant; la jambe ou la rêne qui agira sera toujours maintenue et rectifiée dans son action par la jambe ou la rêne qui soutiendra.

Par exemple, si l'épaule gauche reste en arrière, il faut maintenir la rêne gauche et tirer à soi la rêne droite, afin de

---

[1] Un côté paraît plus faible souvent parce qu'il est moins exercé ; c'est par un travail bien entendu et plus répété qu'on lui fait reprendre de la force.

reculer l'épaule droite. Si la hanche droite dévie ou se pousse à droite, on offre une résistance plus forte de la jambe droite, afin que, les hanches se portant à gauche, l'arrière-main soit redressée ; la jambe gauche ne servira plus que de soutien, mais assez ferme cependant pour que les hanches, renvoyées à gauche par la jambe droite, ne dépassent pas la ligne que l'on parcourt.

CHAPITRE XXVIII.

Moyens de mettre un cheval au trot.

Dans le trot, où les jambes du cheval se meuvent comme au pas, l'arrière-main prendra plus d'extension, et chassera la masse sur les épaules, qui, à leur tour, se développeront pour gagner du terrain en se maintenant nécessairement plus sur l'avant-main.

Étant dans cette allure plus sur les épaules qu'au pas, il faut pour mettre le cheval au trot user d'un moyen qui le porte plus en avant. On fermera les jambes avec plus de force afin de porter la masse sur l'avant-main ; la main qui dans ce cas doit soutenir ne se fixera que légèrement jusqu'à ce que le trot soit décidé ; à mesure qu'il se développera, elle s'assurera davantage pour offrir un appui qui soutiendra l'avant-main, et réglera et fixera les mouvements.

C'est par les pressions plus ou moins sensibles des jambes, comme par les appuis plus ou moins forts présentés à l'avant-main, qu'on augmente ou diminue le trot.

C'est une erreur de penser que cette allure se développera mieux en ne donnant aucun appui sur le mors : le cheval, dans ce cas, poussé en avant sans être maintenu, n'osant se livrer, trottera avec une incertitude qui communiquera de l'inégalité aux mouvements de ses jambes, ce qui pourra lui faire prendre le galop ou une allure fausse[1].

Les moyens à employer pour un cheval qui trotte de travers sont les mêmes que pour le pas.

CHAPITRE XXIX.

Moyens de mettre un cheval au galop.

Au galop le terrain étant toujours entamé par le même côté, les mains et les jambes du cavalier doivent agir en raison du côté où l'on veut marcher.

---

[1] Il arrive qu'un cheval mis au bout de son trot prend le galop; la raison en est simple : le cheval se maintient au trot tant qu'il y a égalité dans le mouvement de ses jambes et qu'elles se portent alternativement en avant,

Ainsi, par exemple, si l'on veut partir à droite, sachant qu'à cette main l'épaule droite doit être plus avancée, plus élevée que la gauche, on assurera la main de façon à porter le poids des épaules sur l'arrière-main, et l'on fermera les jambes pour provoquer l'action du cheval. Quand on sentira qu'il est assez rassemblé, assez élevé dans son action pour prendre le galop, il faudra marquer de la bride un arrêt tendant à ralentir le mouvement de l'épaule gauche, et fermer en même temps la jambe gauche plus que la droite afin que l'arrière-main ne se traverse pas à gauche, et suive le mouvement des épaules. En cherchant alors à se rendre compte des mouvements de l'arrière-main, il s'agit de sentir, de saisir le temps où la jambe gauche de devant et la droite de derrière s'appuieront à terre pour redoubler l'action indiquée de la main et des jambes, afin qu'au moment où la jambe gauche de derrière s'élève, elle puisse, quand elle viendra s'appuyer sous le cheval, pousser l'épaule droite en avant et faire entamer le galop à droite.

Le moyen d'opposition que je propose pour déterminer le galop me paraît le meilleur, parce qu'il agit d'une façon plus directe sur le cheval, et qu'il est presque toujours probable qu'étant franchement attaqué à gauche, il s'échappera à droite et entamera le terrain de ce côté.

mais dès que cette égalité cesse, ce qui arrive lorsqu'il force l'allure ou qu'il est de travers, le côté le plus fort restant en avant, il se trouve au galop puisque cette allure existe quand un côté marche toujours le premier.

Il peut néanmoins arriver qu'il ne parte pas sur le pied demandé ; voici en quelles circonstances : Un cheval, en raison d'une habitude ou d'une souffrance, peut préférer un pied plutôt que l'autre. Je suppose qu'il aime mieux marcher à gauche, et qu'au contraire on veuille marcher à droite. Dans ce cas, bien qu'il reçoive de la part du cavalier des résistances qui devraient le faire partir à droite, les épaules et les hanches habituées à se mouvoir dans un sens qui leur est familier, pourront conserver ce mouvement et accepter alors l'action de la jambe gauche et la résistance de la main, comme une indication propre à déterminer l'allure du galop, laquelle, une fois déterminée, s'entamera à gauche, les hanches et les épaules étant par avance disposées à ce mouvement.

Il est donc fort essentiel de sentir son cheval, afin de pouvoir l'amener par des arrêts et de petites résistances des jambes à changer son mouvement, et enfin profiter du moment opportun pour le déterminer à la main à laquelle on veut le mettre.

Tout homme n'ayant pas le sentiment du cheval peut faire échouer, dans la pratique, l'application des meilleures théories du galop.

Il est encore des circonstances où le cheval, pour se mettre sur le pied qui lui est familier, se pousse sur la jambe, et prend sur la main un trop fort point d'appui. Se soustrayant ainsi à leur action, il se met sur le pied qu'il préfère.

Cette difficulté se combat en régularisant les mouvements, en menant le cheval légèrement, tout en cherchant à le placer de la façon la plus convenable pour obtenir le galop désiré. Dans ce cas, le cheval va par sauts de pie, traquenarde, en se présentant toujours sur le pied qui lui est familier. Il ne faut plus alors agir comme je l'ai expliqué précédemment ; on doit, au contraire, baisser la main et pousser le cheval dans les jambes afin de le porter sur les épaules. Lorsqu'il a repris son point d'appui sur le mors, qu'il est remis d'aplomb, on le déterminera au trot, on le poussera dans cette allure en le faisant marcher en cercle du côté où l'on veut faire prendre le galop. Ainsi, par exemple, veut-on le mettre à droite ? en tournant de ce côté, l'épaule droite se trouvant, par l'effet du tournant, plus avancée que la gauche, et ayant moins de terrain à parcourir, il est indubitable qu'en poussant le cheval au grand trot, on n'amène bientôt une inégalité dans le mouvement des épaules, inégalité que la main du cavalier peut aider aussi, et qui finira par mettre l'épaule droite dans le cas d'entamer seule le terrain. (Voir la note qui se trouve à la fin du chapitre : Moyen de mettre un cheval au trot.)

Dans ce travail, la jambe du cavalier doit très-fortement agir, afin de maintenir les hanches et les empêcher de se traverser ; car si elles sortaient de la ligne des épaules pour se porter à gauche, la hanche gauche s'avançant plus que la droite entamerait le terrain et le cheval marcherait désuni.

Dans ce cas, le cavalier doit avoir le tact de sentir le moment où le cheval se présente à droite, afin d'agir avec plus de puissance pour déterminer le galop.

Cette manière de mettre un cheval au galop sur les épaules, bonne dans l'hypothèse que je viens de signaler, doit s'employer aussi avec les jeunes chevaux n'ayant pas encore l'arrière-main assez forte ni assez assouplie.

L'ancienne équitation, qui suivait ses préceptes pour les jeunes chevaux, indiquait autrement que moi la manière d'embarquer au galop un cheval fait. Elle conseillait d'employer la jambe droite pour déterminer le galop à droite, sous prétexte que marchant à cette main, le cheval devant rester placé à droite, la jambe droite servait à maintenir les hanches.

Le galop pouvait parfaitement s'obtenir de cette manière, lorsque la main agissait avec assez de justesse pour arrêter le développement de l'épaule gauche et dégager la droite, et quand, après cela, le cavalier avait assez de tact pour faire agir la jambe au moment où le cheval se présentait à droite.

Ce moyen demandait une bien plus grande précision, et quand il était employé par des hommes peu habiles, il échouait très-souvent ; car alors, la jambe droite, au lieu de pousser le cheval en avant, pouvait agir de façon à traverser les hanches à gauche, et faire partir le cheval à faux.

L'ancienne équitation, en faisant agir la jambe droite,

pour déterminer le galop à droite, était obligée de rectifier ensuite l'action de la jambe droite par la gauche. Je crois qu'il est beaucoup plus simple de faire agir la jambe gauche qui offre plus de garanties pour déterminer le galop à droite, et de rectifier l'action de cette jambe par le soutien de la droite.

Malgré les principes que je viens de poser, il peut néanmoins arriver que la jambe droite ait besoin d'agir quelquefois seule pour déterminer le galop à droite. Ainsi, par exemple, un cheval, avant d'être embarqué au galop, viendrait à se traverser de façon à laisser tomber les hanches complétement à droite : on comprend bien alors qu'une fois le cheval présenté à droite plus qu'il ne faut pour déterminer le galop de ce côté, la jambe gauche n'a pas besoin d'agir, et que la jambe droite, tout en cherchant à redresser les hanches, pourra pousser le cheval en avant pour déterminer le galop à droite.

En thèse générale, quelle que soit la jambe qui pousse, un cheval prendra le galop du côté qui sera le plus en avant.

CHAPITRE XXX.

Explication du travail des reprises.

Quoiqu'il soit nécessaire autant que possible de rechercher l'emploi des moyens les plus propres à la conservation des chevaux, nous sommes cependant obligés pour les soumettre de les astreindre à un travail commandé par nos besoins, notre commodité et nos usages. Le travail du manége présentera le double avantage de donner la facilité de les dresser promptement, tout en ménageant leurs moyens.

Les reprises furent réglées primitivement pour préparer et dresser les chevaux de combat. Ce travail avait pour but de les assouplir et de les rendre soumis aux moindres volontés du cavalier, qui, répétant au manége les mouvements et les figures en usage dans les tournois, se trouvait alors en état de se présenter avec avantage devant un adversaire.

Si les règles étaient efficaces pour tirer parti de ces chevaux, ne peuvent-elles être applicables en les modifiant sur toutes les autres espèces? Tout homme qui monte à cheval ne sent-il pas l'avantage de le trouver soumis à ses désirs? Le militaire, le veneur, celui qui monte pour son agrément, ne préféreront-ils pas un cheval assoupli, obéissant et commode, à celui qui serait roide, maussade, ou décousu dans ses allures?

En faisant ressortir la nécessité d'user du manége pour tirer parti de toute espèce de chevaux, il faut bien comprendre l'acception de ce mot, du moins telle que je l'entends : beaucoup de personnes ne considèrent dans le manége que le travail exigé ordinairement des chevaux d'école. Ce travail est utile, sans doute; en le pratiquant on apprend à juger tout ce qu'on peut obtenir d'un cheval; mais ce n'est pas une raison pour y amener tous les chevaux.

Manéger un jeune cheval, c'est savoir établir un travail suivi et raisonné, et n'exiger que d'après ses moyens et en raison du service auquel on veut l'employer.

Le cheval qui doit être souple et perçant n'a pas besoin d'être aussi renfermé qu'un cheval de promenade ou qu'un cheval de guerre. Ceux-ci doivent être à leur tour moins assouplis, moins rassemblés qu'un cheval de manége.

Ce sont des nuances que l'homme de cheval doit saisir, et qui le mettront à même de savoir exiger et baser son travail selon le cheval qu'il aura à dresser et selon le besoin qu'il en a.

Mais avant d'entrer dans les détails de l'éducation d'un jeune cheval, il faut connaître le travail à suivre. Dans toute école il est nécessaire d'en avoir une idée exacte, afin de savoir l'appliquer au besoin.

Le cheval de manége doit être en quelque sorte sacrifié

pour enseigner tout le parti qu'il est possible de tirer de ces animaux.

Une école offre cet avantage qu'étant composée d'une quantité de chevaux qui diffèrent dans leurs dispositions et dans leur construction, on apprend à modifier les ressources selon chacun d'eux, ce qui met à même d'en calculer l'application sur le cheval soumis au dressage.

Au moyen d'un travail simple et régulier on développe l'intelligence d'un cheval ; les reprises ordinaires du manége ont été établies dans ce but ; en les suivant exactement on apprendra à sentir et à régler les allures comme à juger les aplombs.

CHAPITRE XXXI.

Principes généraux.

Le travail ordinaire se fait sur le large et sur les cercles ; le cheval doit être placé en raison du sens où il parcourt les différentes lignes qui forment une reprise.

Quand on tourne à droite, le cheval marche à main droite, et doit être par conséquent placé de ce côté. Il est ainsi placé lorsque les hanches et les épaules marchent sur la même ligne, et que l'encolure et la tête sont placées à droite. On conçoit que l'encolure ainsi pliée, le cheval a plus de facilité pour tourner à droite, puisque la position de la tête et de l'encolure tendent à entraîner la masse de ce côté.

Le côté de dedans est celui sur lequel on tourne, celui du dehors le côté opposé.

En marchant à main droite, la bride doit être dans la main gauche; l'épaule du cavalier s'avancera de manière à se mettre en face de la tête du cheval, afin d'être plus tourné vers le côté de dedans où il est censé avoir affaire, et pour résister à la force centrifuge qui tend toujours à reculer le côté du dehors.

On change de main quand on place le cheval à gauche et qu'il tourne de ce côté; on tient alors la bride dans la main droite.

Les changements de main s'exécutent ordinairement en quittant une piste pour aller chercher celle opposée que l'on suit alors dans la direction contraire.

Lorsque l'on marche sur le large, le carré long parcouru se coupe diagonalement; quand on va sur les cercles, le changement s'exécute en coupant le cercle en deux.

On peut aussi exécuter des changements de mains sur des lignes droites. En général le changement de main a lieu dès que le cheval est placé à gauche, et que précédemment il était placé à droite. Quand le cheval marche au galop, et qu'il change de pied sur la ligne droite, il change de main. Si le changement de pied a lieu par la volonté du cavalier, il faut placer le cheval à la nouvelle main ; si, au contraire, il s'est échappé, et qu'il ait exécuté le changement de pied sans que le cavalier ait voulu l'obtenir, celui-ci doit rectifier le mouvement en arrêtant le cheval pour le remettre à la main dont il a voulu sortir [1].

Dans ces divers changements de main on prendra la bride du côté opposé à celui où l'on marche. Cet usage est nécessaire dans une école, parce qu'ainsi la main qui ne tient pas la bride sert à agir sur la rène de dedans, et contribue à assouplir et à placer l'encolure du cheval dans le pli où il doit tourner.

Une fois hors du manége et le cheval dressé, la bride doit rester dans la main gauche, et par les simples oppositions de cette main on le place indistinctement à droite ou à gauche, en raison de la volonté du cavalier qui a besoin d'avoir la main droite toujours libre.

Quand on le met en mouvement, il faut partir au pas ; le cheval doit autant que possible marcher droit ; ce n'est qu'une

[1] On trouvera sans doute étrange que je donne une pareille explication. Il est de ces détails qui ont paru futiles à de certaines gens, et qu'il est cependant nécessaire d'indiquer, car beaucoup de personnes les ignorent. Elles s'extasient quand elles voient un cheval changer de pied, sans se douter si ce mouvement est exécuté avec justesse. Dépourvues de tact et de tout sentiment du cheval, elles sont d'autant moins à même de l'apprécier, que, lor qu'elles sont à cheval, elles ne sentent en aucune manière le mouvement qui s'exécute, et seraient fort embarrassées de savoir et de dire sur quel pied marche leur cheval.

fois le mouvement déterminé qu'il doit être plié à droite ou à gauche.

Toutes les fois que l'on change de direction, il faut avant de tourner marquer des temps d'arrêt qui préviennent le cheval et le préparent à marcher dans un autre sens.

Le passage d'une allure à une autre doit être de même précédé d'un temps d'arrêt calculé en raison de l'allure qu'on veut prendre.

Généralement toutes les fois qu'il s'agit de changer de travail et de direction il faut toujours en prévenir le cheval, et ce n'est que par le secours des temps d'arrêt.

Les reprises commencent d'ordinaire à main droite, et se terminent à la même main.

Il faut autant que possible, selon moi, s'abstenir de l'usage du filet, afin que sachant se passer de ce secours on ait toujours une main libre.

Le bridon est pourtant nécessaire sur le cheval qui n'est pas encore fait à la bride ; il sert à donner la connaissance des effets des rênes, du mors, et à offrir un point d'appui sur la main.

Le filet sert de préparation à la connaissance du mors, et remplace son effet lorsque celui-ci agit trop fortement.

CHAPITRE XXXII.

Des reprises simples. — Explication préliminaire.

Afin d'assouplir les chevaux, de les rendre plus maniables, la règle du manége veut qu'ils soient placés à la main à laquelle ils marchent.

Pour obtenir ce travail on paraît quelquefois se trouver en contradiction avec les dispositions naturelles du cheval, quoique cependant elles soient toujours consultées ; on ne les contrarie que lorsque les allures ne sont pas régulières.

C'est avec le secours de ses aides que le cavalier, tout en plaçant son cheval d'après la règle prescrite au manége, établit des contre-poids qui maintiennent le cheval dans un équilibre appartenant à telle ou telle allure.

Par exemple, en suivant une ligne droite, si l'on veut marcher au trot et placer le cheval à droite, il est aisé de sentir que l'encolure et la tête se portant à droite, l'épaule droite du cheval aura à porter un poids plus lourd que l'épaule gauche, et se trouvera ainsi ralentie : position qui nécessairement devra rendre inégal le mouvement des épaules ; il convient donc, si dans cette position on veut marcher au trot, de rechercher les moyens de régulariser les mouvements du cheval pour qu'il ne change pas d'allure, quoique plié à droite.

Le trot existe lorsque les battues sont égales, c'est-à-dire lorsque la jambe gauche de derrière et la droite de devant restent aussi longtemps en l'air que les deux autres y resteront, quand, dans l'impulsion locomotrice, elles se soulèveront à leur tour. Le trot a de l'ensemble lorsque les jambes supportent alternativement le même poids.

Ainsi je suppose que le poids d'un cheval soit de deux cents livres, que, marchant l'encolure et la tête parfaitement droites, les deux jambes qui s'appuient ensemble à terre portent chacune cent livres ; si par la position qu'on donne à la tête et à l'encolure on surcharge l'épaule droite de vingt livres, la hanche gauche ne doit plus en recevoir que quatre-vingts ; tandis que si, d'un autre côté, j'ai soulagé l'épaule gauche de vingt livres, la hanche droite doit en porter cent vingt, lorsque la jambe gauche de devant et la droite de derrière viennent à leur tour à s'appuyer à terre. Nous avons vu comment l'épaule droite pouvait être surchargée de vingt livres ; mais afin de soulager la hanche gauche, il s'agit de l'éloigner du centre de gravité en y amenant la hanche droite, et en lui faisant supporter l'excédant du poids que la hanche gauche ne porte pas. Ainsi placé, on verra que si les jambes qui agissent ensemble individuellement ne portent pas le même poids, elles portent cependant à elles deux une pesanteur égale aux deux autres, ce qui met le cheval dans le cas d'avoir des mouvements égaux ; mais afin que cette égalité de mouvement existe, il faut présenter aux parties les plus chargées un secours d'aide qui égale l'excédant du poids qu'elles ont à supporter. Or, pour que la hanche droite se maintienne de façon à porter vingt livres de plus que la hanche gauche, la jambe droite du cavalier devra avoir une action de vingt livres plus forte que la gauche.

Si l'exemple que je viens de donner est un peu forcé [1], c'est pour qu'il soit plus sensible, et que l'on comprenne bien le balancement qui doit exister dans l'accord des mains et des jambes.

Je m'abstiendrai d'expliquer actuellement ce qui peut avoir rapport à la manière de placer un cheval au galop ; ce sont toujours les mêmes moyens appliqués avec plus ou moins de force en raison de l'allure qu'on veut prendre : il en sera fait mention dans le travail des reprises.

Ce pli que l'on cherche à maintenir sur les lignes droites deviendra tout naturel dans les changements de direction, car on sait qu'en tournant à droite, le côté du dehors ayant plus de terrain à parcourir que celui du dedans, il faudra conserver le cheval dans une position qui, en ralentissant son côté droit, facilitera le tournant : aussi, quand l'on tourne, le pli doit être plus marqué.

---

[1] Et il l'est en effet, car en raison de la rapidité du trot, les épaules ont à porter une plus grande pesanteur que les hanches. Je ne cite cet exemple que pour donner une idée exacte de l'action des aides du cavalier.

Lorsque le cheval marche au pas, il porte ses jambes en avant les unes après les autres. D'après cela, le cavalier est maître d'arrêter et d'allonger le développement de chacune d'elles ; c'est pourquoi il faut le considérer comme allure de préparation, c'est-à-dire qu'il doit subir, selon le trot ou le galop, un travail qui préparera le cheval à prendre plus facilement l'une ou l'autre de ces deux allures.

Le travail des reprises s'exécute sur les lignes droites, ou sur les cercles ; d'après l'explication déjà donnée, nous verrons que c'est au trot que les chevaux peuvent le plus facilement suivre un travail composé de lignes droites, puisque pour l'obtenir il est nécessaire de mettre le cheval droit, afin que chacune de ses jambes puisse plus aisément se porter en avant et embrasser une même étendue de terrain. (Voyez le chapitre des *Allures au trot.*) Ainsi, pour préparer un cheval au trot, le pas se suivra sur le large.

Ce travail des lignes droites, en quelque sorte calculé pour le trot, deviendra une difficulté lorsqu'il faudra le suivre au galop ; aussi cette allure doit avoir une préparation en rapport avec les dispositions naturelles du cheval ; le travail des cercles sera celui qui lui conviendra le mieux, puisqu'en tournant, le cheval pourra marcher ainsi un côté toujours plus avancé que l'autre.

Lorsqu'au moyen du pas on aura préparé les chevaux à marcher le trot sur le large et le galop sur les cercles, quand ces allures auront été obtenues chacune dans le travail qui leur sera le plus familier, les lignes droites devront se parcourir au galop comme les lignes circulaires au trot. C'est toujours par le contre-poids des mains et des jambes que ces divers résultats s'obtiendront.

CHAPITRE XXXIII.

Des reprises sur le large, au pas et au trot.

Afin de saisir ce travail, qui est extrêmement simple, on le commencera au pas. Une fois le cheval mis en mouvement, la main se placera au-dessus de l'encolure, afin de régler le pas ; cette allure déterminée, la main se portera un peu à droite pour que la pression de la rène gauche sur la bouche et l'encolure pousse la tête un peu en dedans et plie l'encolure à droite[1]. Cette résistance de la main doit être assez marquée pour porter la tête à droite, mais pas assez forte cependant pour faire tourner le cheval. La jambe droite se fermera pour maintenir la hanche droite et jeter la gauche en dehors.

---

[1] Si l'effet de cette rène ne suffit pas, on ouvre la rène droite de la bride, ou du bridon si la rène de la bride fait trop d'effet.

CHAPITRE XXXIV.

Passage des coins.

Pour prendre l'habitude de marquer des temps d'arrêt à chaque tournant, une fois arrivé à quelques pas du coin, la main se placera dans la direction de l'angle du mur vers lequel on marche ; ce mouvement, qui fera porter l'avant-main du cheval à gauche, obligera l'élève, arrivé dans le coin, à marquer un temps d'arrêt pour rassembler son cheval et le disposer à en sortir ; cet arrêt marqué et le cheval rassemblé, la main se portera à droite pour sortir du coin et suivre la nouvelle direction.

Une fois que le cheval sentira ce travail, on passera les coins en maintenant les chevaux à la main à laquelle ils marchent.

Le cheval étant dans le large, on observera qu'il soit toujours placé à droite. Si la pression de la rêne gauche ne suffisait pas pour plier l'encolure, ou si son action n'était pas bien sentie, ce qui arrive souvent chez les jeunes chevaux, on se servirait de la main droite pour ouvrir la rêne droite et plier l'encolure à droite.

Lorsqu'on travaille avec plus de finesse et sur un cheval

dressé, on obtient ce pli de l'encolure par la résistance un peu plus forte de la main droite, qui, agissant sur la barre droite, recule et fixe la tête du côté droit, et plie de même l'encolure de ce côté.

Dans le large, les jambes du cavalier se ferment de manière que les hanches suivent les mouvements des épaules. Elles doivent agir aussi toutes les deux dans le passage des coins. La jambe droite sert à plier le cheval pour tourner à droite, tandis que la jambe gauche soutient les hanches et les empêche de se porter trop promptement à gauche, ce qui ferait passer le tournant avec trop de précipitation et le rendrait moins juste ; car, dans le moment où le cheval tourne à droite, si l'épaule droite tourne la première, il faut aussi, pour que l'arrière-main marche d'accord avec le devant, que la hanche droite tourne avant la hanche gauche ; et comme nous l'avons déjà expliqué, ce mouvement ne peut s'effectuer juste que par la résistance de la jambe gauche, qui soutient le côté gauche et maintient l'action de la jambe droite [1].

Il faut beaucoup étudier l'effet différent de ces deux jambes, peu sensible au pas et au trot, mais qui est d'une grande puissance dans les changements de direction au galop.

---

[1] N'est-ce pas l'explication très-claire d'une prétendue découverte faite récemment, et dont, disait-on, aucun auteur n'avait encore parlé, tandis que ce principe est connu depuis Grison ?

CHAPITRE XXXV.

Du changement de main.

Quand on aura ainsi marché plusieurs tours au pas et au trot à main droite, on changera de direction. On quittera alors le mur au point **A**, indiqué comme commencement du changement de main, en portant la main dans la direction du point **B**, fin du changement de main. La tête du cheval une fois arrivée au point **B**, la main se portera dans la direction de l'angle **C**; par ce mouvement le cheval se trouvera le long du mur. On changera

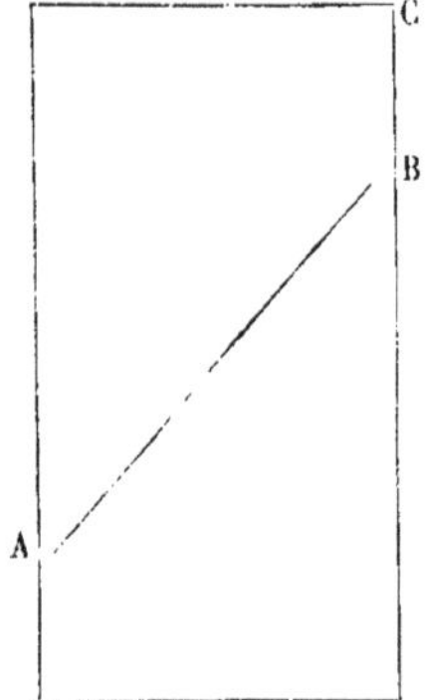

la bride de main, en ayant soin de placer le cheval un peu à gauche et en répétant pour le passage des coins ce qui a été dit plus haut.

Le travail des directions sur les lignes droites calculé pour le trot devient une difficulté lorsqu'il s'agit de le suivre au galop.

Ce n'est que par degrés que l'on peut arriver à exiger ce travail d'une manière juste. Il faut d'abord placer les chevaux dans la position qui leur est la plus commode, et s'appliquer à sentir l'effet positif de chaque moteur.

CHAPITRE XXXVI.

Du travail sur les cercles, au pas et au galop.

En marchant sur une ligne circulaire, le cheval est dans une position pareille à celle où il se trouve lorsque allant sur le large, il sort d'un coin, c'est-à-dire que suivant un cercle à main droite, en tournant, l'épaule droite doit marcher la première.

Dans ce cas, si la main dirigeant le cheval dans le cercle place l'avant-main de manière à faire aller l'épaule droite avant la gauche, la jambe gauche du cavalier doit aussi marquer une résistance qui soutienne l'arrière-main en maintenant la hanche droite la première.

Un cheval se désunit ou tourne à faux en raison de la position qu'on lui fait prendre. Par exemple, lorsqu'en tournant à droite les épaules suivent la circonférence de manière à marcher l'épaule droite la première, tandis qu'au contraire l'arrière-main sortira de la ligne droite et se portera à gauche, la hanche gauche par ce mouvement s'avancera plus que la droite et sera obligée, pour maintenir l'aplomb du cheval, de changer son mouvement, c'est-à-dire d'entamer le terrain avant la hanche gauche; il se désunira ainsi du derrière.

Les hanches ainsi placées, si la main se porte trop en dedans pour avancer l'épaule gauche plus que la droite, le cheval changera de pied de devant et marchera alors à faux.

On voit par cette explication que le cheval ne se maintiendra à droite que par la résistance de la jambe gauche, qui placera la hanche droite la première, et par l'action de la main, qui se portant toujours un peu à gauche, dégagera l'épaule droite et la mettra en avant.

Dans le cas toutefois où le cheval laisserait trop tomber ses hanches en dedans, il deviendrait nécessaire alors de déterminer le galop à droite avec la jambe droite, ainsi que je l'ai expliqué dans le chapitre XXIX.

CHAPITRE XXXVII.

Des changements de main en cercle, au pas et au galop.

Les changements de main s'exécuteront en coupant la circonférence en deux.

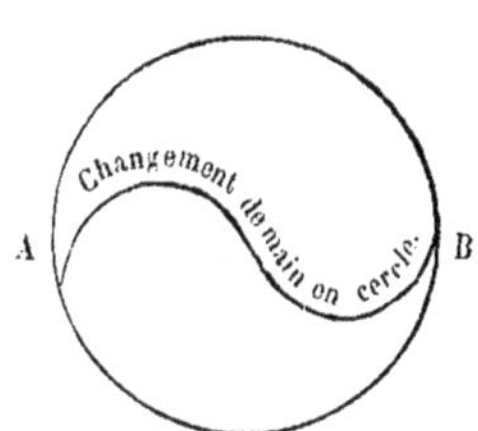

On partira du point A pour aller au point B. Quelques pas avant le point B, on ralentira le cheval pour le disposer à le placer à la main à laquelle il doit entrer et le préparer au tournant. Tout en marquant cet arrêt, on portera en même temps la main un peu à droite, en offrant une résistance de la jambe droite, afin d'éviter de laisser tomber les hanches à droite, et avancer le côté gauche qui doit alors marcher le premier.

Ce travail se suivra au pas comme au galop, en ayant soin, en marchant cette dernière allure, d'arrêter tout à fait le cheval pour le faire changer de pied et user des moyens expliqués pour le faire partir à gauche.

CHAPITRE XXXVIII.

Du trot sur les cercles.

Quand on veut faire marcher au trot sur des lignes circulaires, le cheval doit être nécessairement placé d'une manière différente de celle où il est en marchant au galop. Dans ce cas, marchant à droite, la jambe droite du cavalier doit avoir une action plus forte que la gauche, afin de placer les deux hanches sur la même ligne ; de même la main doit arrêter davantage l'épaule droite, afin que la gauche puisse s'avancer, et que, de cette sorte, le cheval soit placé de manière à pouvoir marcher le plus également possible.

Il est aisé de sentir néanmoins que le côté du dedans aura toujours moins à parcourir que celui du dehors : c'est pour cela qu'à cette allure il faut placer le cheval au-dessous de son train, afin de pouvoir maintenir et arrêter le développement du côté du dedans en travaillant à augmenter celui du dehors. Dans ce cas, la jambe du dedans doit se fermer plus que celle du dehors, afin de maintenir la hanche droite et d'augmenter le développement de la gauche ; on marquera aussi un arrêt plus fort du côté droit de l'avant-main, en tirant à soi la rêne droite pour arrêter le développement de cette épaule, en cherchant à égaliser le mouvement des deux.

Les changements de main au trot s'exécuteront comme il a été expliqué pour le pas et le galop, tout en le maintenant de façon à conserver toujours le trot, ce qui s'obtiendra en ralentissant d'abord le cheval, et en augmentant et régularisant autant que possible le mouvement de ses jambes.

CHAPITRE XXXIX.

Du galop ordinaire sur le large.

Pour obtenir ce galop on usera des mêmes moyens appliqués pour le travail en cercle. La main, tout en étant placée, marquera au moment du départ une résistance et une opposition qui avanceront le côté qui devra marcher le premier ; les jambes agiront dans le même sens.

On voit par cette explication que le départ du galop ordinaire se fera toujours un peu de travers ; insensiblement on arrivera à rendre ces oppositions moins sensibles, afin d'amener le cheval à partir droit. (Voir le chapitre XXIX.)

CHAPITRE XL.

Départ au galop, le cheval droit.

Le travail des lignes droites, calculé en quelque sorte pour le trot, devient une difficulté quand il s'agit de le suivre au galop. D'après l'explication que nous avons donnée du galop, nous avons vu que l'ordre dans lequel se meuvent les jambes oblige à partir naturellement de travers[1].

Pour que le cheval marche à droite il est absolument nécessaire que l'épaule et la hanche droite se maintiennent les premières; il faut atténuer cette disposition sans cesser de la contrarier.

On sait que pour partir à droite, le cheval a besoin d'avoir l'épaule droite plus avancée que la gauche, que l'on n'obtient ce résultat que par un arrêt plus fort formé sur le côté gauche; on sait que les hanches doivent suivre la disposition donnée à l'avant-main, c'est-à-dire que la hanche droite doit être plus avancée que la gauche; ce que l'on obtient par la résistance de la jambe gauche.

Bien pénétré de ces principes, sûr de la puissance des aides, on peut arriver à faire partir un cheval presque droit; car si l'on peut donner à la rêne et à la jambe gauches une action assez forte pour déterminer le galop à droite, on peut atténuer cette action par le secours de la jambe et de la rêne droites, jusqu'au point qui suffira pour laisser le côté droit le premier.

Si dans le principe on a pu, pour faciliter le départ à droite, mettre le cheval de travers, de manière à laisser tom-

---

[1] Nous ne pouvons pas espérer contrarier la nature au point de changer l'ordre de son équilibre; seulement la perfection du travail peut amener à atténuer cette disposition et à la rendre presque insensible.

ber d'un pied les épaules à gauche et les hanches à droite, on peut arriver par le secours des contre-poids à diminuer ces oppositions, au point d'approcher à peu de chose près de la ligne droite, de manière qu'à l'œil le cheval pourra paraître droit.

CHAPITRE XLI.

Du galop à droite, le cheval placé à cette main.

Nous avons vu qu'en pliant l'encolure à droite on pouvait ralentir le développement de l'épaule droite et faciliter celui de la gauche. En agissant ainsi sur les parties antérieures, l'arrière-main se trouve aussi dans le cas de sortir de la ligne, et se porte à gauche à mesure que les épaules sont à droite; cette action a été expliquée dans le *Travail du trot, le cheval placé à droite*. Si l'on s'y prenait ainsi pour placer à droite un cheval qu'on veut mettre au galop à cette main, il partirait infailliblement à gauche.

Il faut nécessairement obtenir ce pli d'une manière différente et de telle sorte qu'en pliant l'encolure à droite et portant la tête de ce côté, l'épaule gauche soit toujours plus chargée et plus en arrière que la droite.

Ce travail s'opérera principalement par l'action de la rêne droite. Cette rêne doit marquer sur la barre droite une résistance de devant en arrière, qui reculera la tête plus à droite qu'à gauche et pliera par ce moyen l'encolure à droite; cette position obtenue, la rêne droite, par un mouvement de continuité, en même temps qu'elle ramènera la tête et la placera à droite, marquera une résistance de droite à gauche qui empêchera le cheval de tourner et lui maintiendra le bout du nez sur la ligne de l'épaule droite, en rejetant alors sur l'épaule gauche toute la pesanteur de la partie inférieure de l'encolure.

Une fois cette position de l'avant-main obtenue, les jambes agiront comme il a été dit dans le chapitre précédent, en ayant soin de laisser le moins possible les hanches en dedans.

CHAPITRE XLII.

Résumé général. — Du travail des reprises.

Les reprises simples, dont je viens de donner l'explication, doivent être exécutées jusqu'à ce que l'élève les comprenne bien.

On ne saurait trop s'appesantir sur chacune de ces leçons,

attendu que plus tard c'est le seul travail à suivre pour l'éducation d'un jeune cheval.

Les changements de main au pas, au trot et au galop, doivent toujours être précédés d'un temps d'arrêt qui prépare le cheval à passer à une autre main ; il est nécessaire de faire observer qu'il doit être plus marqué au galop, afin d'interrompre complétement le temps à droite pour le disposer à passer à gauche. A cette allure, comme aux autres, on observera que le cheval soit toujours bien droit devant lui, c'est-à-dire que l'arrière-main suive et marche d'accord avec son avant-main.

Ce travail droit une fois bien connu, l'on commencera à prendre une idée de celui des hanches, ainsi que des moyens d'exécuter divers mouvements avec plus de promptitude.

CHAPITRE XLIII.

Travail composé. — Marche oblique et sur les hanches.

La marche droite devait être la première à exiger du cheval, puisque c'est celle qui lui est la plus familière : dans ce cas, il se sert de ses épaules et de ses hanches pour recevoir plus ou moins le poids de son arrière-main, ou pour pousser plus ou moins en avant les parties antérieures. Ce mécanisme ordinaire, qui met le cheval dans le cas d'aller en avant ou en arrière, ne lui indique d'appuyer ni à droite ni à gauche : si cette circonstance arrive, c'est l'inégalité de la force d'un côté sur un autre qui fait qu'il marche de travers.

J'ai démontré jusqu'ici les moyens de rectifier les inégalités dans la force des divers moteurs du cheval par la puissance de nos aides, et d'arriver, au moyen de l'art, à faire parcourir au cheval des lignes droites.

Il se présente des cas cependant où il est nécessaire de savoir appuyer à droite ou à gauche sans avancer ni reculer, comme de pouvoir se porter en avant par une marche oblique.

Ce premier mouvement s'appelle fermer ou aller sur les pas de côté ; le second fermer, en allant en avant.

Ce travail tout à fait nouveau demande une préparation, puisqu'en l'exigeant on intervertit chez l'animal l'ordre de sa marche ordinaire ; car si les jambes, qui ont la propriété de s'appuyer à terre ensemble, agissent toujours dans le même ordre, quant à leur appui elles suivent une direction et ont une action différente dans la marche oblique.

CHAPITRE XLIV.

Moyen de fermer ou d'aller sur les pas de côté.

Nous devons pour obtenir ce mouvement balancer l'action des mains et des jambes, de façon que le cheval n'avance ni ne recule. Une fois mis en mouvement, on lui offre une liberté dans la direction qu'on veut suivre, en lui présentant une résistance du côté opposé. Ainsi, voulant appuyer de droite à gauche, on marque un arrêt de la bride, et l'on ferme les jambes pour rassembler le cheval et le mettre en action. Ce mouvement exécuté, on marque un arrêt et une pression de la rêne droite afin d'arrêter le mouvement de l'épaule droite ; cette épaule étant arrêtée agira nécessairement sur la hanche gauche, qui, au lieu de se porter en avant si l'on avait laissé la liberté à l'épaule, étant repoussée par elle, reculera ou s'échappera à gauche.

Dans ce mouvement, en fermant la jambe droite pour pousser la hanche droite à gauche, on déterminera le mouvement à gauche de la hanche gauche, déjà provoqué par l'arrêt de la rêne droite, et on mettra en mouvement l'épaule gauche, qui trouvant une résistance dans la main et une pression lui venant de droite, ne pouvant se porter en avant s'échappera à gauche, étant poussée par le mouvement de la hanche droite.

Une fois mis en mouvement dans cette nouvelle direction, ce sera au cavalier à balancer l'action de ses aides. Si le cheval pousse trop précipitamment ses hanches à droite, on atténuera ce mouvement par l'action de la jambe droite en diminuant celle de la gauche ; si l'épaule ne se porte pas assez à droite, ou l'on écartera la rène droite ou l'on portera la main gauche dans cette direction.

Il est bon pour apprendre à un cheval à marcher ainsi de le mettre vis-à-vis un mur ; la tête étant maintenue, la main n'aura pas besoin d'une action aussi grande, et il recevra plus froidement cette leçon.

On peut même commencer ce travail sans monter le cheval, afin qu'il apprenne à bien croiser ses jambes. Dans ce cas, voulant aller de gauche à droite, on tient le cheval par la bride de la main gauche en le maintenant la tête en face le mur, et en lui faisant appuyer les hanches en l'excitant avec une gaule ; à mesure que les hanches s'échapperont on portera les épaules vis-à-vis les hanches.

Cette marche doit servir de préparation à toute espèce de travail oblique.

Avant de prendre les changements de main sur les hanches, il est bon de faire marcher son cheval soit en ligne droite, soit sur les cercles, en faisant porter les hanches tantôt en dedans de la ligne que l'on parcourt et tantôt en dehors.

Ainsi, par exemple, en marchant à main droite si l'on veut laisser tomber les hanches en dedans, on marquera un arrêt égal de la bride pour rassembler le cheval et lui maintenir les épaules dans la ligne que l'on suit ; la jambe gauche donne alors une pression assez forte pour jeter les hanches à droite et les faire dévier jusqu'au point que l'on croit nécessaire ; la jambe droite maintient la hanche droite, et l'on continue à marcher dans cette position jusqu'à ce que le cheval étant assoupli de ce côté, l'on veuille alors porter les hanches en dehors ou bien changer de main pour exécuter du côté opposé. Dans ce travail, la main droite doit être fixe autant que possible, et l'on n'agit davantage sur une rène que sur l'autre que lorsque l'on veut plier l'encolure ou redresser les hanches avec la bride ; car l'effet des rènes a une action assez directe sur les hanches, pour qu'il suffise aussi sur un cheval assoupli, pour le faire marcher obliquement sans le secours des jambes. En effet, nous savons que l'épaule gauche se met en mouvement avec la hanche droite ; nous avons expliqué que par leur position transversale, lorsque l'épaule gauche était restreinte et maintenue à gauche, la hanche droite devait s'échapper à droite ou reculer. Si la rène gauche produit cet effet sur la hanche droite, la rène droite produit ce même effet sur la hanche gauche ; alors il est aisé de comprendre que lorsqu'un cheval échappe trop ses hanches à droite, et que la jambe ne peut arrêter ce mouvement, l'action de la rêne droite pourra le maîtriser, puisqu'en disposant la hanche gauche à s'échapper à gauche elle arrêtera naturellement le mouvement contraire.

Ainsi, par la résistance de la rêne sur le côté opposé où l'on veut fuir les hanches, et ensuite par la pression de cette même rêne pour porter l'épaule vis-à-vis la hanche que l'on a engagée, nous voyons que l'on peut marcher obliquement sans le secours des jambes.

CHAPITRE XLV.

Des pas de côté en avant ou changement de main en prenant les hanches.

Une fois bien pénétré du travail ci-dessus expliqué, les pas de côté en avant, ou changement de main en prenant les hanches, seront très-faciles à obtenir ; ce sont toujours les mêmes moyens à employer en faisant agir plus ou moins les aides et en atténuant leur action par les aides qui soutiennent.

Ainsi, par exemple, l'on veut aller du point A au point B, en prenant les hanches, en arrivant au point A, on rassemble cheval, en fixant la main pour arrêter le mouvement des

épaules, la jambe de dehors se ferme pour
soutenir et pousser la hanche gauche, en
offrant ainsi en même temps une résistance
de la rêne et de la jambe gauches, le cheval s'échappant à droite ; la jambe droite
alors maintiendra les hanches afin qu'elles
se trouvent vis-à-vis les épaules. Une fois le
cheval ainsi engagé et placé à droite, la
jambe gauche continuera son action pour
pousser les hanches de gauche à droite, et la main sera assez
légère pour que, tout en arrêtant les épaules afin d'engager
les hanches, le cheval puisse se porter un peu en avant, de
façon à arriver insensiblement, et toujours dans la même
position, au point *B*. Ce sera la jambe droite qui maintiendra
les hanches, et qui, par sa pression, poussera toujours le
cheval en avant.

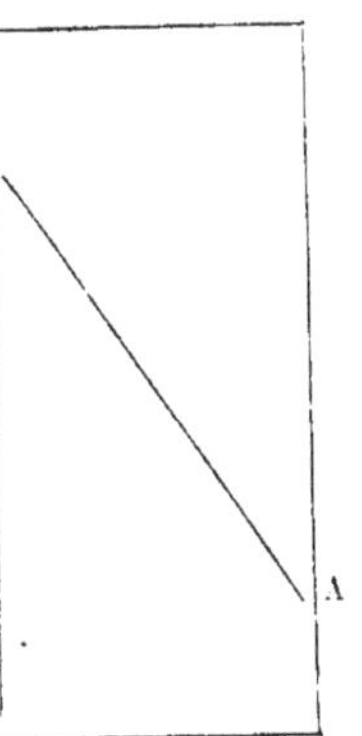

Ces diverses actions de la jambe qui agit comme de celle
qui soutient, ainsi que le plus ou le moins d'arrêt de la main,
doivent être en raison de la longueur du changement de
main.

Il est essentiel, quand on commence un changement de
main, de ne pas engager les hanches par à-coup, car le cheval pourrait alors faire dépasser au derrière la ligne du devant, comme il pourrait aussi mettre trop de précipitation
dans son exécution. Une fois que le mouvement est déterminé par la jambe de dehors, qui est celle agissante, celle

qui soutient a quelquefois besoin, pour maintenir le cheval droit, d'une action plus forte que celle qui agit, ce qui est facile à concevoir, puisqu'une fois le mouvement déterminé toute la masse du cheval tend à se porter du côté vers lequel il entame le terrain.

Du moment que ces divers principes sont compris et exécutés, au pas, au trot et au galop, le cavalier obtiendra tout ce que les moyens d'un cheval peuvent offrir.

CHAPITRE XLVI.

Résumé.

L'avantage à retirer du travail des pas de côté est incalculable ; il contribue à mettre les chevaux sur les hanches et à les assouplir ; il dégage les épaules et donne à l'animal un liant qu'il ne peut avoir lorsqu'il n'a été conduit que droit devant lui. En effet, dans ce premier travail c'est le devant qui est surchargé par le derrière, ou le derrière qui est surchargé par le devant ; mais une fois que les hanches assouplies savent agir l'une sur l'autre, que les épaules dégagées et liantes peuvent se prêter de mutuels secours, alors la répartition des poids se fait d'une manière plus égale ; le cheval, obligé à moins d'efforts, obéit avec plus de promptitude et de confiance.

Aussi doit-on, dans l'éducation du jeune cheval, s'appliquer à travailler de bonne heure les épaules et les hanches.

Il est rare de rencontrer des chevaux qui marchent parfaitement droit, parce que, soit habitude, soit faiblesse, un côté gagne toujours sur l'autre. C'est en cela qu'il est bon, pour égaliser ses mouvements et ses allures, d'exercer alternativement chaque côté, et de donner plus de travail au côté le plus roide.

En assouplissant les hanches et les épaules on obtient ce résultat, on donne à l'animal la connaissance plus complète des aides, et le cavalier, s'identifiant avec lui par un travail soutenu, l'amène à savoir se tenir droit ou de travers, en raison de l'égalité ou de l'inégalité de leurs pressions; mais alors les différentes positions que le cheval peut prendre sont subordonnées à la volonté de l'homme.

C'est alors que le cheval ainsi assoupli devient fidèle à la main, qu'il reçoit sans inquiétude des appuis plus ou moins forts sur la bouche, que son encolure acquiert un liant et une souplesse infinie, parce que chaque moteur se coordonnant et se prêtant un mutuel secours, les arrêts, qui dans le principe ne se faisaient sentir que sur un seul point et excitaient une trop grande susceptibilité, se répartissent alors sur toute la machine et deviennent plus supportables [1].

---

[1] N'est-ce pas là une recommandation du système des assouplissements?

CHAPITRE XLVII.

Changement de pied en l'air, le cheval étant au galop.

Quand on veut changer l'allure ou le travail d'un cheval, j'ai démontré la nécessité de l'arrêter pour le prévenir. C'est en raison du tact du cavalier et de la manière dont il prépare son cheval que les changements s'obtiennent avec plus de promptitude et de précision.

Les changements de pied en l'air au galop sont très-faciles à obtenir quand on possède bien les moyens de les prendre terre à terre; ce sont exactement les mêmes, excepté qu'ils sont exigés plus promptement.

Ainsi nous savons que l'on met un cheval à droite par l'arrêt de la bride et la résistance de la jambe gauche, dont l'action est soutenue et maintenue par la jambe droite; que l'on met aussi un cheval à gauche par le même arrêt de la bride et par l'action contraire des jambes.

Le cheval étant à droite, veut-on le passer à gauche, il faut user du moyen indiqué; seulement on fait agir simultanément les mains et les jambes. Ainsi, galopant à droite, au moment de passer à gauche, on marque un arrêt de la bride assez fort pour arrêter le développement de l'épaule droite qui marche la première, et en même temps on fait agir les jambes avec plus d'action, en exigeant plus de la droite que de la gauche, afin de pousser la hanche gauche à gauche.

Le cheval qui par l'arrêt simple de la bride se serait arrêté si la jambe du cavalier n'avait pas continué d'agir, se rassemblera ; alors la main agissant plus sur l'épaule droite que sur la gauche, cette dernière, poussée en avant par l'action des jambes et étant moins arrêtée que la droite, passera nécessairement devant celle-ci, et enfin l'arrêt qui empêchera le développement de l'épaule droite contribuera à faire échapper à gauche la hanche gauche, mouvement déjà commencé par l'action plus forte de la jambe droite du cavalier.

Une fois ce travail conçu, on l'exigera en tenant le cheval droit, comme dans le travail des changements de pied terre à terre.

Le changement de pied étant exécuté, on donnera au cheval une plus grande liberté, pour qu'il se maintienne à la main où il sera passé ; car si l'on continuait à l'arrêter, incertain dans son travail, il pourrait se désunir ou changer encore de pied.

Plus le cheval sera rassemblé, plus facilement il changera de pied en l'air, parce qu'en rapprochant ainsi ses moyens il trouvera dans la main un appui qui lui sera nécessaire pour mieux exécuter l'intervertissement de l'ordre dans lequel les jambes agissent.

J'insiste sur ce principe, parce que c'est toujours par là
que pèchent les personnes qui veulent faire changer un cheval de pied : on se presse, on augmente le train, et l'on provoque ainsi un décousu qui fait que le cheval n'achève jamais
de changer de pied, et reste désuni.

CHAPITRE XLVIII.

Des têtes à la queue, ou demi-tour.

Il est une foule de cas où il faut savoir exécuter le demi-
tour. Ce travail paraissant difficile à obtenir quand on le
demande au galop, est cependant promptement compris du
cheval lorsqu'on exige ce mouvement avec discernement.
C'est une erreur de croire qu'il s'exécute toujours aux dépens de l'arrière-main ; les personnes pensant ainsi, et agissant dans ce sens, doivent en effet rarement réussir, à moins
de rencontrer des chevaux d'une force extrême ; car si l'on
ne répartit pas bien les poids du cheval, et qu'on veuille faire
supporter à l'arrière-main toute l'exécution, il est rare en
effet qu'il ne se refuse pas à tourner, parce qu'alors prenant
trop sur lui on l'engage à désobéir. On doit, au contraire, loin
de le trop restreindre, donner à l'arrière-main une liberté en

état de lui permettre d'agir. Par exemple, marchant au galop à droite, au moment où l'on veut exécuter, on rassemble et ralentit le cheval; pour le mettre dans la main et le préparer, on l'arrête insensiblement, la main très-basse, afin de l'engager à baisser la tête, ce qui tend à élever les hanches et à les dégager ; et tout en arrêtant on porte la main à droite en faisant alors agir vigoureusement les deux jambes, afin de rejeter sur l'avant-main le poids que l'arrêt de préparation et le commencement du tournant auraient pu jeter sur le derrière ; et offrant une résistance plus forte de la jambe gauche, on fait échapper l'arrière-main à gauche, à mesure que l'avant-main est portée à droite. Une fois ce mouvement indiqué, la main reste fixe dans la nouvelle direction, et la jambe gauche maintient la hanche gauche pour qu'elle ne dépasse pas la ligne de l'épaule.

L'essentiel dans l'exécution de ce mouvement est de bien préparer son cheval : il faut qu'il soit arrêté d'abord pour le rassembler, mais ensuite avoir la main assez basse afin de faire baisser la tête le plus possible, et donner par là un appui aux épaules, qui permettront à l'arrière-main de se mouvoir plus facilement. Ainsi, en décomposant ce travail, on voit qu'au point de départ le cheval est plus sur les hanches que sur les épaules, et à la fin du demi-tour il doit être au contraire plus sur les épaules que sur les hanches.

CHAPITRE XLIX.

Résumé général.

Il est fort essentiel de connaître combien la position de la main influe sur la manière de mener un cheval, et combien cette position plus ou moins élevée contribue à faire paraître les allures et les arrêts plus ou moins durs.

L'ancienne équitation recommandait de placer la main très-haut et très en avant. Cet usage, nécessaire sans doute pour les chevaux qu'on avait à cette époque, trouve moins d'application avec notre espèce actuelle ; cependant cette vieille tradition est restée, sans qu'on se soit occupé de la modifier, en raison de la différence qui existe entre nos chevaux et ceux d'autrefois.

En consultant tout ce qui avait rapport à la cavalerie du moyen âge, il est incontestable que l'espèce que l'on montait à cette époque était d'une construction différente de la nôtre (fig. 21). Dans des temps plus rapprochés, sous Louis XIII, Louis XIV, les tableaux représentant des chevaux de cette époque ne nous laissent voir que des constructions robustes et toujours des chevaux entiers, à lourdes épaules et fortes encolures. Il est aisé de concevoir la nécessité alors de rele-

ver et de soutenir la masse du cheval, qui devait toujours se
porter en avant. De là le besoin pour maintenir le cheval
d'aplomb d'user d'embouchures très-dures ; de là aussi la
nécessité de placer la main élevée afin de rejeter sur l'arrière-main une pesanteur qui tendait toujours à se porter en
avant.

Mais à présent, au contraire, nos chevaux étant généralement plus fins, le croisement des races ayant produit des
espèces toutes différentes, que l'on recherche comme qualité les garrots élevés, les encolures fines et déliées, et les
épaules très-relevées, nécessairement cette construction de
l'avant-main doit tendre à surcharger le derrière. Dans ce
cas, en usant sur le cheval ainsi construit des mêmes
moyens pratiqués sur ceux d'une construction diamétralement opposée, on doit nécessairement tomber souvent dans
l'erreur.

Il est rare de trouver un cheval parfait, c'est-à-dire chez
lequel toutes les forces se balancent ; généralement celui su-
périeur dans son devant est faible dans quelques parties de
son arrière-main. Il est donc nécessaire, lorsque l'on monte
un cheval, de soulager la partie la plus faible aux dépens de
la plus forte.

On sait que l'allure du galop est formée de sauts répétés,
à chaque temps l'arrière-main, par sa flexion et son extension, pousse la masse en avant, et qu'il est nécessaire alors
pour embarquer un cheval au galop d'arrêter les mouve-

ments des épaules, de les élever, et de disposer par là l'arrière-main à agir pour pousser la masse. On conçoit que ces arrêts doivent être calculés en raison des chevaux que l'on monte. Car, si en effet l'arrière-main a besoin d'une sujétion nécessaire pour provoquer la flexion amenant l'extension qui doit chasser la masse en avant, il ne faut pas ôter les moyens à cette arrière-main d'agir avec force et facilité.

Chez le cheval qui a la position basse, chez lequel par conséquent le devant est trop chargé, il est bon de lever la main afin de rejeter sur le derrière assez de poids pour l'asseoir et provoquer cette flexion de l'arrière-main sans laquelle le galop n'aurait pas lieu.

Mais sur celui qui a la tête haute et les épaules élevées, et se trouvant naturellement assis, si vous élevez la main pour le préparer au galop, vous affaisserez par trop les hanches, et restreindrez tellement les mouvements de ses jarrets qu'il ne pourra prendre cette allure; et si vous persistez à la demander de cette manière, il est rare qu'il ne se défende pas, et que ce ne soit par une lançade qu'il cherche à porter sur l'avant-main l'excédant du poids qui surchargeait le derrière et l'empêchait d'agir; tandis qu'ayant la main basse, l'arrêt qui diminuera le mouvement des épaules reportera sur l'arrière-main assez de pesanteur pour provoquer le galop, tout en laissant aux hanches la position convenant le mieux pour marcher cette allure.

Si l'arrêt marqué pour mettre le cheval au galop ne lui

convient pas, à plus forte raison il s'y soumettra plus diffici-
lement lorsqu'il s'agira de l'arrêter.

Par exemple, voulant passer d'une allure rapide à une
allure raccourcie, si vous élevez la main pour rejeter le poids
du devant sur le derrière, alors en élevant la tête et l'encolure, et par conséquent les épaules, vous finissez par baisser
les hanches et par restreindre le mouvement de flexion des
jarrets. Plus le cheval sera sensible dans son arrière-main,
moins il se soumettra à cette nouvelle sujétion, ou du moins,
s'il cède momentanément à l'action de la bride, il cherchera
ensuite à faire reprendre à ses hanches et à ses reins une
position élevée, afin de soulager les jarrets. C'est alors qu'il
donnera des contre-temps d'autant plus durs que les mouvements de son arrière-main seront restreints et affaissés, et
que ces contre-temps se répéteront autant de fois que vous
marquerez les arrêts de cette manière.

En fermant les jambes pour offrir un soutien à l'arrière-
main, la tête du cheval se baissant permettra aux hanches
de s'élever, et celles-ci à leur tour soulageront les jarrets, qui,
n'étant plus forcés dans leur flexion, ne donneront plus cette
extension brusque et répétée cause des contre-temps.

CHAPITRE L.

Défense du cheval.

La défense du cheval est calculée d'après sa position et son aplomb. Celui au devant faible et qui par conséquent appuiera sur le mors, ayant cette partie plus basse que le derrière, s'il se défend lâchera la ruade ; celui trop assis ou qui aura le derrière faible, s'il vient à se défendre pointera.

Généralement il se servira pour sa défense de la partie la plus forte, parce qu'elle sera plus en état de repousser une attaque, comme aussi étant plus élevée et partant plus légère, elle agira plus promptement. Il faut donc, en principe général, combattre la défense en cherchant à rétablir l'équilibre.

Les chevaux ayant les jarrets douloureux, et par cette raison portant sur les épaules, ruent si l'on cherche à les asseoir avec trop de force, afin de se soustraire à cette nouvelle sujétion ; les chevaux ayant de la faiblesse dans les jarrets ou dans l'arrière-main se trouvant naturellement assis, pointeront, au contraire, si le mors a une action trop grande, parce qu'ils chercheront à reporter en avant les pesanteurs surchargeant leur arrière-main.

CHAPITRE LI.

Moyens d'empêcher un cheval de ruer.

Pour empêcher un cheval de ruer il faut lever la main et fermer les jambes, afin de l'asseoir et de le mettre en équilibre. Si la main seule agissait, présentant toujours un point d'appui, il se fixerait dessus et il reculerait si l'action en était trop forte ; mais il ne cessera de ruer que lorsque les jambes, en agissant pour maintenir les hanches et l'empêcher de reculer, prêteront alors une force suffisante pour supporter l'action de la main, qui sera de rejeter le poids des épaules sur l'arrière-main.

CHAPITRE LII.

Moyens d'empêcher un cheval de pointer.

Pour empêcher un cheval de pointer il faut tâcher d'établir l'équilibre en chargeant le devant. Ainsi, pour atteindre ce but, il faut présenter au cheval un point d'appui sur le mors, assez léger pour qu'il ne le redoute pas, et faire agir les jambes avec assez d'action et de force pour jeter l'arrière-main sur les épaules. Lorsque les jambes auront porté sur l'avant-main l'excédant de la pesanteur qui chargeait le derrière, le cheval prendra alors sur le mors un appui devenu nécessaire pour soutenir les épaules [1].

CHAPITRE LIII.

Des causes qui produisent la défense.

Plusieurs causes peuvent éloigner un cheval de l'obéissance : 1° l'ignorance ; 2° la faiblesse ou le manque d'haleine ; 3° la mauvaise vue ; 4° la souffrance ; 5° la folie ou l'immobilité.

Chacun des ces cas a des défenses qui lui sont propres.

1° Dans le premier cas, qui est le fait du jeune cheval, la défense, toute de gaieté ou de surprise, se manifeste par des bonds répétés, provoqués par la sensibilité que son dos et

---

[1] Il est des cas où le cheval, ayant un mauvais derrière, pourra cependant ruer comme pointer avec de mauvaises épaules ; la défense part toujours de la partie qui est la moins chargée. (Voyez les explications sur l'aplomb du cheval et la position de la tête.)

ses reins éprouvent lorsqu'il commence à porter le poids du cavalier. Si les moyens employés par l'homme pour réprimer ces premiers écarts sont pris avec trop de violence, et qu'en voulant le maîtriser il fausse l'aplomb du cheval, alors celui-ci prendra un caractère de défense en rapport avec la position à laquelle on l'aurait astreint ou bien en raison de sa construction : aussi ne faut-il attribuer les défauts de la plupart des chevaux qu'à la maladresse des individus qui les ont commencés. La longe et le caveçon doivent être considérés comme les meilleurs moyens de répression dans toute espèce de défense.

Sur le cheval qui bondit et met la tête entre les jambes, la saccade du caveçon portant sur le chanfrein lui relève la tête ; privé de ce secours, si le cavalier n'avait que la bride, souvent il n'aurait pas la force de relever la tête, et pourrait par des efforts offenser la bouche, casser les barres et retarder pour longtemps l'éducation d'un jeune cheval.

Je le répète, avec le secours de la longe on pourra maîtriser les sottises de toute espèce de chevaux, et ils seront amenés insensiblement à répondre à tous les effets de la bride et des jambes, c'est-à-dire à l'*obéissance parfaite*.

2º La faiblesse est plus particulièrement aussi le propre du jeune cheval ; elle est le résultat d'un travail au-dessus de ses forces. Quand il ne peut ni bondir ni pointer pour se soustraire à des exigences qui lui deviennent insupportables, il marche avec incertitude, s'arrête, s'attache aux murs, aux arbres, à tout ce qui peut lui donner l'espoir du repos ; si à force de coups on parvient à le porter en avant, dès qu'il trouvera un nouveau prétexte il se dérobera, et peut-être alors forcera-t-il la main pour se rapprocher d'un objet qui lui offrira un abri et un moyen de se soustraire aux exigences du cavalier.

Un travail de la longe, simple et de courte durée, augmenté en raison de la force que prend le cheval, l'amènera à l'obéissance. L'essentiel est qu'avant de le mettre en liberté il soit franc aux éperons, c'est-à-dire qu'il ne cherche pas à se dérober au moment de les lui faire sentir, ce qui est facile à obtenir quand il sera maintenu par le caveçon. Une fois libre, on doit continuer à ne pas lui demander un travail au-dessus de ses forces, car la fatigue et le manque d'haleine produiraient les mêmes effets.

3° Le cheval ayant une mauvaise vue se dérobe à l'approche de l'objet qui l'offusque. Quand on veut le ramener dessus avec violence, pour s'en éloigner il use de la défense en rapport avec sa construction ou sa position présente, comme il arrive souvent pour le rapprocher d'un objet effrayant qu'on mette dans l'action de la main une force d'autant plus grande qu'il met plus de résistance pour s'éloigner de cet objet. En agissant ainsi, on porte souvent sur l'arrière-main une pesanteur propre à gêner le cheval et le fait pointer ; c'est pour cela que généralement le cheval peureux se cabre.

On ne peut pas empêcher un cheval d'être peureux, mais on peut atténuer ce défaut en le rendant franc devant lui, c'est-à-dire sensible aux jambes et bien fixe dans la main. Une fois renfermé dans la puissance des aides, les connaissant et se trouvant maintenu par elles, le cavalier, restant toujours en contact avec le cheval, sera ainsi prévenu de ses moindres craintes, pourra le maintenir, rectifier aussitôt le dérangement qu'amènerait une surprise, et finir par le faire marcher avec plus d'assurance.

Je ne puis mieux comparer la situation du cheval ainsi dirigé par l'homme, qu'à celle de l'aveugle conduit par son chien ; tant que la corde est tendue et qu'il sent son guide, l'aveugle marche avec confiance ; si la tension cesse, l'incertitude arrive.

4° La plupart des chevaux rétifs le deviennent par souffrance. Combien s'en rencontre-t-il qui passent pour lunatiques, fous ou immobiles, chez lesquels la défense est produite par la sensibilité des reins ou des articulations, que la maladresse du cavalier excite ! Tout cheval souffrant peut être utilisé, et beaucoup sont susceptibles d'un excellent service. C'est au cavalier à savoir discerner d'où vient la douleur cause de la défense, et à savoir par son travail placer le cheval de manière à soulager la partie douloureuse.

Quand les épaules sont roides ou que les poignets sont faibles, il faut faire supporter à l'arrière-main l'excédant du poids qui arrête le développement de l'avant-main, et régler les mouvements du derrière sur le devant ; car si l'on veut forcer le train d'un cheval ayant peu de développement ou de force de l'avant-main, il est aisé de sentir que si les hanches pouvant couvrir plus de terrain que les épaules, on leur laisse prendre tout leur développement, le devant sera bientôt surchargé, et si alors on excite le cheval pour forcer son train, il se défendra, et dans ce cas lâchera la ruade.

Lorsque les reins sont faibles, il faut soulager cette partie aux dépens des épaules. Le cheval faible de reins est rarement bon au galop. Sa défense consiste en lançades si l'on cherche à l'asseoir : du reste le cheval faible de reins se défend peu, attendu que généralement il manque de force. Il faudrait qu'il fût bien fortement excité pour faire des écarts graves, et alors on courrait le risque de le faire renverser.

C'est la sensibilité dans les jarrets, produite par des jardons ou des éparvins, qui amène le plus de défense, parce que, n'excluant pas la force, elle se trouve dans le cas d'être continuellement excitée par l'effet du mors, qui, tendant à ralentir, à arrêter ou reculer le cheval, agit directement sur cette partie. Il faut donc lorsqu'on rencontre des jarrets douloureux faire agir la main avec assez de légèreté, de fixité et de ménagement pour ne pas provoquer une irritabilité qui détermine la défense, laquelle dans ce cas se manifeste par des pointes, des bonds en avant, ou la fuite, et quelquefois même par des ruades.

Ces diverses défenses se maîtrisent par les secours de la longe. Si dans le moment où l'on cherche, au moyen de la bride et des jambes, à mettre le cheval d'aplomb, le fixer sur le mors, l'assouplir, il essayait de se soustraire à cette sujétion, il faudrait supposer ou qu'on agit avec trop de force, ou qu'habitué à faire des sottises il se sert du moindre prétexte pour les recommencer; dans ce cas on doit suspendre le travail des aides, et faire exécuter au moyen de la longe ce qu'on ne peut obtenir avec les mains ou les jambes. S'il se défend encore, alors il faut user du caveçon comme correction, et s'en servir jusqu'à ce qu'il ait cessé de bondir, ruer, pointer ou s'emporter.

Il existe des cas encore où le cheval ayant de mauvais jarrets se dérobe : c'est lorsque étant tenu dans un grand train l'on veut exiger un tournant d'une façon trop rapide.

Les moyens employés assez ordinairement pour maintenir un cheval dans la ligne dont il cherche à s'éloigner contribuent par la suite à le mettre dans le cas de faire cette sottise au moindre prétexte.

Par exemple, je suppose un cheval devant tourner à droite, et qui, par une raison quelconque de souffrance ou de volonté, se dérobe à gauche; généralement le cavalier pour le faire tourner à droite ouvrira la rêne droite, et résistera sur cette rêne tant que le cheval n'aura pas cédé; il arrive alors que par cette action trop répétée de la rêne droite, le cavalier offense la barre droite de manière à la rompre ou à lui donner une sensibilité telle qu'il ne répondra plus à ce mouvement d'attraction qui tendait à porter la tête à droite, et à entraîner la marche de ce côté; mais, au contraire, cédant alors à la sensibilité qui lui vient de droite, il se portera à gauche, et s'y jettera d'autant plus que l'on agira davantage sur la rêne droite; car cette rêne, tout en pliant l'encolure à droite, fera reculer la tête, de façon que le mouvement de l'épaule droite étant arrêté, le cheval sera forcé de s'échapper à gauche. Il devient donc nécessaire, pour rectifier cette fausse position, de cesser une semblable action sur la rêne droite, et d'agir fortement sur la gauche, afin d'exciter, s'il y a urgence, la sensibilité de la barre gauche, en offrant en même temps de ce côté une résistance assez forte pour engager le cheval à la fuir et à se porter à droite [1].

---

[1] Afin de donner le change et de faire croire à la nouveauté de principes qu'ils ont pris à toutes nos écoles, des esprits jaloux et malencontreux, chez lesquels la calomnie est une habitude, ont pensé qu'un moyen certain de soutenir leur sorte de propagande était de jeter le ridicule sur tous les hommes imbus de nos bonnes traditions. En ma qualité d'ancien écuyer du roi et du manége de Versailles, je devais nécessairement avoir ma part de toutes ces sottises. Il devenait urgent de me prêter des principes absurdes, qui, répétés comme émanant de moi par des hommes auxquels je n'ai jamais parlé ou qui ne m'ont jamais vu, pouvaient me faire perdre la sorte d'influence due à mon ancienne position. Ainsi, à propos du moyen que je viens d'indiquer pour empêcher un cheval de se dérober, il a été colporté dans tout Paris et dans toute l'armée que j'établissais en principe que lorsqu'un cheval avait une barre sensible ou cassée, il fallait lui briser l'autre. Je n'ai pourtant rien dit autre chose que ce que je viens de citer. Cependant il est des circonstances dans la vie où l'homme le plus habile, une fois que ses moyens d'action sur un cheval lui échappent, se voit obligé d'employer des moyens très-peu dans les règles du manége : par exemple, si, pour empêcher son

5° J'ai cherché à faire connaître les meilleurs moyens de juger et de maîtriser les défenses du cheval. Lorsqu'elles sont causées par l'immobilité, la folie, etc., elles sont sans remède ; mais, je le répète, ces cas sont extrêmement rares ; aussi faut-il avant de se laisser aller trop promptement à cette opinion, se rendre compte si l'irritabilité et la violence qu'emploie le cheval pour se soustraire au frein sont produites par un vice d'organisation du cerveau, ou bien si cette fureur qu'il manifeste dans la défense n'est pas produite par une souffrance des reins et des articulations.

cheval de se dérober et de tomber dans une fondrière, un cavalier brisait la barre du cheval pour le détourner du lieu où ils auraient trouvé l'un et l'autre une mort certaine, je dirais que le cavalier a bien agi. Si l'officier à la guerre, emporté par son cheval, n'étant plus maître de l'arrêter, lui cassait la tête, je dirais encore qu'il a bien fait, et que ce moyen était préférable pour lui que de passer dans les rangs ennemis en observant toutes les règles de l'équitation.

DU TROT ENLEVÉ

DIT TROT A L'ANGLAISE

L'ancienne équitation ne considérait pas le grand trot comme une allure à demander au cheval de selle; elle n'admettait que le pas, le galop et le passage, trot de manége tride, cadencé et raccourci. Aucun principe ne fut donc indiqué pour éviter les réactions d'une allure qui n'était pas en usage. On poussait l'exclusion du grand trot à ce point que, dans les attelages, le cheval du postillon était constamment maintenu au galop, pendant que les autres marchaient au grand trot.

Aujourd'hui, en raison des changements apportés dans nos races, en raison aussi de nos usages, de nos nouveaux besoins, on a admis le grand trot comme devant être demandé au cheval de selle. Mais plus le trot est brillant et développé, plus il est dur et fatigant pour le cavalier; il devient donc nécessaire de rechercher les moyens d'atténuer les réactions d'une allure que, dans beaucoup de cas, le cheval peut soutenir plus facilement et plus longtemps que le galop, et dans laquelle il atteint le même degré de célérité.

Pour éviter de semblables secousses, l'homme qui monte à cheval instinctivement porte le corps en avant et s'enlève sur les étriers, afin de quitter la selle au moment où la réaction a lieu. Ce moyen, quand il est outré, fait perdre au cavalier sa régularité de position ; il peut même lui faire affecter une attitude ridicule; mais, un fait certain, c'est qu'il évite ainsi une succession de secousses très-fatigantes, et cette manière de trotter, que, dans le langage vulgaire, on appelle trotter à l'anglaise, permet au cavalier le moins expérimenté de marcher plus vite et plus longtemps que celui qui, cherchant à conserver une position plus assise et plus régulière, attend et reçoit un choc qui ébranle sa position et le rend tout aussi disgracieux. Le désavantage reste donc à ce dernier. Mais, puisque le grand trot est une allure admise et en usage, pourquoi ne pas s'appliquer à éviter ses secousses d'une façon rationnelle, et de manière à ne pas perdre, sur le cheval, ni les moyens de conduite, ni les points d'adhérence qui doivent nous lier à lui ?

Ces résultats peuvent facilement s'obtenir. En effet, quel est le but à atteindre ? c'est d'éviter un choc. Est-il absolument nécessaire de s'éloigner outre mesure de l'objet qui le produit ? non, certainement. Le choc n'a lieu que par la rencontre de deux corps qui vont en sens inverse ; mais quand leur déplacement est toujours dans le même sens et que l'un cède toujours à l'autre, ils peuvent rester en contact sans se heurter. C'est ce qu'il faut faire, quand on veut éviter les secousses du trot. L'assiette doit céder à la réaction, lorsqu'elle se marque, au lieu de chercher à la combattre ou de s'enlever démesurément sur les étriers, ce qui, dans l'un et l'autre cas, apporte le désordre dans la position, et fait perdre les points d'adhérence qu'un cavalier doit toujours conserver avec son cheval.

Il suffira donc, lorsqu'un cheval aura pris franchement le trot et sera soutenu sur la main, de fixer les cuisses et les genoux et de porter le corps légèrement en avant, afin de placer l'assiette dans les conditions les meilleures pour céder à la réaction, et sans que pour cela le cavalier perde ses moyens de tenue. C'est particulièrement par une contraction légère des muscles des cuisses et par l'adhérence des genoux, que l'on doit porter plutôt un peu en arrière qu'en avant, que le déplacement de l'assiette doit s'obtenir, et non pas par l'appui de la jambe sur l'étrier. S'il faut porter les étriers un peu courts, ce doit être pour obtenir la fixité des jambes, qui assure l'adhérence des genoux, et non pas pour faciliter l'enlevé de l'assiette par cet appui : la réaction doit même pouvoir se combattre sans le secours des étriers.

Ce qui aide à saisir la manière de parer les réactions, c'est, lorsque le trot est bien marqué, de faire caresser les chevaux avec la main droite sur l'encolure, en conservant toujours la main de la bride fixe pour régler et maintenir l'allure. Le haut du corps, ainsi incliné en avant, enlève forcément l'assiette, oblige les cuisses à s'allonger, les genoux à se fixer, et chacun par ce moyen pourra, au bout de quelque temps, apprécier l'action à employer.

Tant que l'allure reste raccourcie ou incertaine, le cavalier doit rester assis; il ne faut jamais incliner le corps en avant pour fuir une réaction quand elle n'est ni assez marquée, ni assez étendue pour enlever l'assiette du cavalier : il faut attendre que le cheval marche avec franchise, que les battues soient égales, ce qui produit des réactions régulières et en mesure, que le cavalier évite en y cédant aussi en mesure ; mais il est nécessaire de comprendre comment et quand cette mesure doit être prise.

On sait que le trot se marque par battues régulières et diagonales, et que chacune d'elles produit une réaction : si le cavalier les attend, il reçoit autant de chocs que le cheval marque de battues; si, au contraire, l'assiette cède à la réaction de la première battue, elle doit se trouver encore dans son mouvement ascensionnel lorsque la deuxième a lieu, et ne doit retomber sur la selle que pour être renvoyée de nouveau par la détente du bipède diagonal qui a marqué la première. Ainsi, par exemple, si on a cédé à la détente produite par le diagonal droit, l'assiette ne doit retomber qu'après que la battue du diagonal gauche sera produite. De là, la nécessité de marquer ces temps successifs et en mesure; car, si l'on retombe trop tôt, on reçoit la réaction du diagonal gauche; si l'on retombe trop tard, on rencontre la détente de l'autre, et dans l'un et l'autre cas on reçoit un choc.

Non-seulement il y a un grand avantage pour le cavalier à décomposer ainsi la création du grand trot, mais il peut encore, en évitant des déplacements très-fatigants, donner à sa main une fixité et une légèreté qu'il perd autrement, légèreté qui facilite la progression du cheval et lui rend le travail moins pénible.

En effet, en n'évitant pas la réaction, on diminue inévitablement la vitesse, car le moment où le cavalier après avoir été violemment renvoyé de la selle retombe dessus, est celui-là même où s'opère la détente des jarrets, et le choc qui en résulte amortit la force de détente de ces articulations et diminue proportionnellement la vitesse. Ce qui vient encore contribuer à ce fâcheux résultat, c'est qu'à chaque secousse que reçoit le corps du cavalier, la main vient imprimer sur la bouche du cheval une saccade qui arrête encore l'impulsion en avant. Si, au contraire, le cavalier cède à l'impulsion qu'il reçoit de la détente des jarrets, alors elle s'opère avec toute la puissance dont elle est susceptible, au profit de la chasse, et, par conséquent, de toute la vitesse. Enfin, dans ce cas, la main acquiert, comme nous l'avons déjà dit, une fixité qui seconde, au lieu de les contrarier, les effets du mouvement en avant, en même temps que le corps, un peu incliné en avant, opère vers les parties antérieures ces déplacements du poids qui contribuent à l'accélération du mouvement.

Lorsque, par exception, on veut pousser le cheval dans une vitesse telle qu'il prenne le traquenard, le corps doit alors se porter en arrière et l'on ne doit plus chercher à combattre les réactions, parce que, premièrement, la masse étant fortement engagée sur l'avant-main, il faut éviter de la surcharger du poids du cavalier; secondement, parce que, dans le traquenard, l'allure étant brisée, la réaction n'est plus aussi sensible et qu'elle ne se produit plus en mesure; enfin, parce qu'en plaçant le corps en arrière, les bras et les mains sont dans des conditions plus favorables pour soutenir le développement extrême de l'allure et maintenir le cheval en cas de chute. Si l'on est bien pénétré des principes que nous avons établis, on comprendra aisément que l'on ne doit chercher à enseigner aux élèves le trot enlevé que lorsque leur position sera régulière et qu'ils auront trotté longtemps avec ou sans étriers, afin de se faire l'assiette.

Nous ne cesserons de le répéter : sans une assiette bien établie, il n'est point de bon cavalier; aussi n'est-ce qu'à la fin d'une instruction équestre bien dirigée que l'on devra essayer d'éviter la réaction du trot.

Ce travail ne doit être considéré que comme une étude qui ne peut et ne doit trouver dans la cavalerie son application que très-exceptionnellement. Ainsi, chercher à parer les secousses du trot, dans les exercices militaires, serait une absurdité, parce que jamais, dans les manœuvres, on ne marche à une allure assez allongée, ni assez directe.

La mesure du trot enlevé ne peut être prise avec succès que lorsqu'on suit rapidement une ligne droite et que l'on peut être assuré de marcher le même train pendant un temps donné. Néanmoins, peut-être trouvera-t-on plus tard un avantage, pour les hommes et les chevaux, à ce que les ordonnances, dans leurs courses rapides et souvent longues, fassent l'application du trot à l'anglaise.

Ces innovations arriveront par la force des choses, si l'on persiste à estimer les chevaux qui ont le trot développé, et si on les produit en raison des goûts et des besoins du moment.

DES COURSES

Les courses sont des exercices auxquels les peuples cavaliers se sont livrés à toutes les époques; elles eurent longtemps pour but de mettre en évidence l'adresse et l'intrépidité du cavalier.

De nos jours, ces institutions ont pris un caractère plus sérieux, plus utile, puisqu'elles sont considérées, avec raison, comme un moyen puissant d'améliorer nos races, et qu'elles ont pour but de mettre à l'épreuve les chevaux destinés à la reproduction.

Quelle garantie, en effet, ne doivent pas offrir, comme étalons ou poulinières, les animaux qui, après les exercices violents et réitérés auxquels ils ont été soumis, sortent de la lutte victorieux et exempts de tares !

N'est-ce pas dans ces exercices que l'on met le plus en jeu les qualités inhérentes à la force et les facultés qui concourent au développement de la vitesse ?

Une grande profondeur de poitrine n'est-elle pas indispensable pour faciliter le jeu des organes respiratoires ? N'est-il pas nécessaire aussi que les muscles aient de l'ampleur, les tendons de la force ? que les bras de levier soient longs, et que les points d'appui de ces mêmes leviers soient fermes et résistants ? En un mot, c'est de la richesse et de la force des organes, autant que de la puissance musculaire et de l'heureuse disposition des leviers, que résultent la vitesse et la durée chez le cheval destiné aux violentes épreuves de l'hippodrome.

Aussi est-il de l'intérêt de l'État d'accorder des prix nombreux et d'une valeur élevée ; car, tout en encourageant l'éducation du cheval de pur sang, il peut ainsi faire passer sa production au creuset, et ne choisir que les sujets d'élite qui se sont en tout montrés dignes d'être considérés comme des types régénérateurs. Nulle épreuve n'est comparable à celle des courses pour se rendre compte des qualités du cheval. Ceux qui sont brisés ou tarés dans les exercices, et qui, peut-être, s'ils eussent été ménagés, auraient pu faire de jolis chevaux de service, n'auraient toujours fait que des reproducteurs médiocres.

Aussi est-il d'un intérêt très-secondaire de se préoccuper de l'époque où l'on met en exercice les chevaux que l'on destine aux courses. Si un propriétaire veut manger son bien en herbe, il en est le maître ; mais, en général, les exercices trop prématurés s'adressent moins, de leur part, aux animaux d'espérance qu'à ceux qui en présentent peu. Dans une éducation aussi dispendieuse, il est prudent de ne pas faire de frais pour celui qui ne pourra les couvrir. Il vaut donc mieux, par un essai qui ne peut pas nuire à un poulain, s'il est bon, savoir, d'après les résultats, si on doit le garder ou s'en défaire.

Du reste, la longueur de la course étant toujours mesurée sur l'âge du cheval, il n'y a guère, dans les épreuves, que les mauvais qui échouent ; les bons, au contraire, acquièrent de la force, de l'énergie, de la santé, par le fait même de l'exercice régulier auquel on les soumet pour les préparer à la course : aussi a-t-on observé que les chevaux célèbres dans les courses avaient plus de longévité que les autres.

Quoique les qualités dont nous avons parlé tout à l'heure soient indispensables pour présenter un cheval à de semblables luttes et l'en faire sortir avec succès, il faut encore que l'art vienne en aide à la nature.

En conséquence, aussi bien sous le rapport des exercices que sous celui de l'hygiène, le cheval doit être soumis à un régime spécial.

Il est essentiel, en effet, de le débarasser d'un excès d'embonpoint qui l'alourdit, gêne la respiration et entrave le jeu des muscles.

14

Il est nécessaire de donner de la force à ses muscles par un exercice fréquent, et, enfin, par le dressage, de disposer la masse dans les conditions les plus favorables à la vitesse.

Ce régime, ces exercices s'appellent *entraînement*.

Nous indiquons ici l'entraînement à donner à un cheval que l'on veut momentanément faire courir, et qui plus tard rendra d'autres services. L'entraînement se commence en exerçant tous les jours le cheval au pas et en le mettant en liberté dans une écurie isolée; on le sort avec des couvertures pour provoquer la transpiration et diminuer son état lymphatique sans le fatiguer.

On change graduellement aussi son système alimentaire. Si la ration a été de 4 kilos 1/2 d'avoine par jour, de 3 kilos de foin et de 6 de paille, on augmente la ration d'avoine et on diminue le fourrage. On arrive ainsi, au bout de huit à quinze jours, à ne plus donner de paille, mais à donner 6 à 7 kilos d'avoine et 1 kilo 1/2 de foin. On diminue aussi la ration d'eau, de façon à ne plus laisser boire qu'un litre le matin et un le soir.

Cette nourriture substantielle, réparatrice et apparaissant sous un petit volume, allégera le cheval et augmentera son énergie et son impressionnabilité.

Si l'embonpoint persiste, on le purgera ; après quoi, lorsqu'on le sortira, on le couvrira davantage et on lui donnera, de deux jours l'un, un galop d'environ deux kilomètres, afin de provoquer une transpiration abondante. Ce galop doit être modéré à un train de 16 kilomètres à l'heure.

Ces exercices terminés, on fait gratter la sueur et panser le cheval. Les pansages doivent avoir lieu deux fois par jour.

Lorsque le cheval sera arrivé dans une condition satisfaisante, c'est-à-dire qu'il sera en chair, que ses muscles seront bien accusés, que la graisse aura disparu, les galops ne devront être donnés que de temps à autre ; mais on reprendra les longs exercices au pas plutôt deux fois qu'une par jour.

Ces galops seront donnés en compagnie, concurremment avec un autre cheval, afin, par là, de l'habituer à la lutte, de lui apprendre à rester en arrière, à marcher sur la même ligne et à devancer.

Ces exercices se continuent ainsi jusqu'au moment de l'épreuve, en observant toutefois que plus on en approche, plus il faut que le cheval reçoive des galops que l'on allonge progressivement.

On doit avoir grand soin des tendons et des boulets des chevaux que l'on soumet à l'entraînement ; il faut les frictionner souvent et les entourer de flanelle.

Dans ces exercices, le cavalier doit s'attacher à pousser plus que jamais le cheval sur la main : plus le cheval prend confiance dans cet appui, mieux il se place pour assurer sa vitesse, la masse étant ainsi engagée dans les conditions les plus efficaces du mouvement en avant. On aide à ce résultat en embouchant le cheval avec un mors doux, un gros filet, par exemple.

Lorsque, par le fait de l'entraînement, le cheval, tout en ayant pris sur la main un appui qui aide à la rapidité de l'allure, sera soumis à la volonté du cavalier, de telle sorte que celui-ci soit toujours maître de son train, il pourra entrer en lutte.

Alors, le calme et le discernement sont nécessaires, car on mènera la course en raison des qualités, des moyens que l'on suppose à son cheval : l'entraînement a dû éclairer à cet égard.

Si l'on compte sur sa vitesse, on l'embarque dans une allure allongée que l'on a soin de toujours régulariser, de façon à le conserver dans le train qui lui est propre ; on a ainsi la chance d'essouffler les chevaux momentanément moins vites, quoiqu'ayant plus de fond ; c'est ce qui arrive si les adversaires se laissent émouvoir par ce départ précipité et cherchent à se maintenir, dès le début, à la hauteur d'un cheval plus vite que les leurs.

Si, au contraire, on croit pouvoir compter sur le fond de son cheval, le départ doit être calme, et pendant presque toute la course, il faut le maintenir dans un train soutenu, régulier, mais jamais forcé ; on conserve par là son haleine, et, lorsqu'arrive le moment décisif, on force le train, qui deviendra d'autant plus rapide que le cheval aura été plus ménagé. Un cheval ainsi conduit dépassera facilement tous ceux qui sont partis trop vite et qui, à bout d'haleine aux trois quarts de la course, ne pourront tenir contre celui qui aura, au contraire, conservé ses forces pour la fin.

L'homme qui court doit être assis, avoir les cuisses adhérentes et les jambes tombantes ; c'est la position la plus rationnelle pour conserver de la solidité, et aussi la meilleure pour permettre aux mains leur action comme aide de soutien et de ralentissement. La rapidité de l'allure oblige seulement le haut du corps à se porter en avant et la tête à se baisser ; mais cette attitude, nécessaire pour mieux résister à l'action de l'air, n'empêche pas la base de conserver la position normale de l'assiette, des cuisses, des genoux et des jambes.

Il est certains cas où l'inclinaison du corps en avant peut être nécessaire pour charger l'avant-main du cheval et aide à la rapidité de l'allure. Pour obtenir ce résultat, il faut que l'assiette quitte légèrement la selle, ce qui soulage les reins et permet à l'arrière-main d'agir avec plus de puissance ; mais, dans ce cas exceptionnel, l'assiette, tout en s'enlevant, doit rester dans des conditions telles, qu'aussitôt que l'on veut la rétablir sur la selle, elle y reprenne sa position normale, ce qui a lieu quand les cuisses, les genoux et les gras de jambes conservent leur adhérence.

Les principes que nous donnons ici s'appliquent à l'équitation de course telle que nous l'entendons pour des officiers qui ne se proposent point de monter exclusivement sur l'hippodrome. Nous savons que les jockeys de profession enlèvent

l'assiette et évitent de s'asseoir en course plate et même en
course de haie, prétendant décharger ainsi l'arrière-main du
cheval et favoriser la vitesse. Sans vouloir discuter ce principe, contesté même par quelques jockeys célèbres, nous
n'admettrons pas d'une manière absolue un tel système, et
nous préférons conserver à nos élèves l'habitude d'une bonne
assiette, fixe, identifiée au cheval à toutes les allures et dans
tous ses mouvements.

Quant à la position des mains admise par les jockeys, nous
la trouvons rationnelle. Les poignets doivent être bas, le
plus souvent appuyés sur la base de l'encolure, afin d'être
plus fixes et de donner un point d'appui plus stable et plus
constant.

Il faut avoir beaucoup d'acquis et de solidité pour employer, comme aide, ces déplacements de corps en avant et
ces enlevés d'assiette.

Les gens qui singent, sans avoir le sentiment de ce qu'ils
font, ne produisent que des effets faux et se rendent ridi-
cules [1].

---

[1] Ces déplacements d'assiette ne doivent, en tout état de cause, jamais
avoir lieu que d'arrière en avant et d'avant en arrière, le corps du cavalier
restant dans l'axe du cheval. Ces déplacements peuvent aider, comme nous
l'avons dit, la rapidité de l'allure ou favoriser son ralentissement; mais ce
serait une grave erreur que d'offrir comme troisième aide, les déplacements à
droite ou à gauche de l'assiette, pour agir sur l'arrière-main du cheval ou
pour provoquer l'exécution des mouvements de côté, tels que les tournants,
les mouvements obliques, les changements de pieds, etc.

Il n'est pas douteux qu'en mobilisant son assiette, ces déplacements de

L'entraînement, qui sert à donner au cheval de la force et de la santé, qui sert, en outre, à l'*assagir* et le rendre froid et calme, lui retire souvent une élégance, une gentillesse qui ne sont dues généralement qu'à son embonpoint et à la manière différente de le monter.

Aussi, les gens qui ne trouvent un cheval bon et beau que lorsqu'il est gras et qu'il caracole, prétendent qu'un animal ainsi levretté, décharné, n'est bon à rien qu'à fournir une course à courte distance, et que, s'il a gagné, cela tient à sa construction particulière. De tels critiques ne se rendent pas compte de la métamorphose qu'a subie le cheval par le fait d'un entraînement sans lequel il ne pourrait supporter les épreuves violentes auxquelles il est soumis.

Cette métamorphose est telle, qu'un cheval d'une construction vicieuse, soumis à l'entraînement, deviendrait d'un aspect à ne pouvoir supporter l'examen ; car, dans ce cas, le voile tombé, les choses se présenteraient sous leur véritable jour. La charpente osseuse et l'appareil musculaire ressortiraient dans toute leur vérité. La graisse peut embellir un cheval bien construit, mais elle n'empêche pas que ce qui existe soit ; tandis qu'avec un cheval d'une construction

poids n'agissent sur le cheval ; mais on perd sa solidité, on retire aux aides des mains et des jambes leur accord, leur précision, leur justesse et l'on n'obtient du cheval que des déplacements heurtés, saccadés, renversés. Le corps du cavalier affecte alors les positions les plus disgracieuses et les moins académiques ; il faut, selon moi, laisser cette équitation aux casse-cou.

vicieuse l'embonpoint cache des défauts à l'œil de l'homme inexpérimenté.

Ces mêmes personnes se récrient sur ce que les courses ne sont pas assez longues, que les courses de fond vaudraient mieux, et ne proposent rien moins que des distances de 40 à 60 kilomètres à parcourir.

De semblables courses fussent-elles établies, que les résultats seraient toujours les mêmes ; les chevaux entraînés gagneraient ceux qui ne le sont pas ; ceux qui gagnent les courses de vitesse gagneraient les courses de fond, car il n'y a pas de vitesse un peu soutenue sans fond, et les épreuves de 4 kilomètres en partie liée sont plus que suffisantes pour prouver ce que j'avance. Des courses plus longues occasionneraient la ruine des bons et des mauvais chevaux sans amener d'autres résultats.

Une chose indispensable à un cheval destiné à la course ou aux exercices violents, c'est le sang.

Pas de sang : pas d'énergie, pas de vitesse, pas de fond.

Le cheval qui n'a pas de sang, quelle que soit du reste sa construction, ne peut lutter contre un cheval de pur sang.

Plus le cheval se rapproche du pur sang. plus il approche de la perfection, plus alors il peut avoir de vitesse, car, comme nous l'avons vu, la vitesse entraîne après elle presque toutes les autres qualités.

A égalité de sang, ce qui peut faire prévaloir un cheval sur un autre, c'est la disposition des organes respiratoires , c'est la conformation des reins, des jarrets, c'est la longueur et la direction des leviers, la force musculaire, la netteté des articulations, la force des appuis. A mérite égal quant au sang et à la construction, ce qui peut faire prévaloir un cheval sur un autre, c'est l'éducation première, c'est un meilleur entraînement, ou bien enfin, la manière dont il est monté.

A égalité d'éducation, d'entraînement et de conduite, ce qui donne l'avantage à l'un sur l'autre, c'est la différence du poids : moins de poids, plus de vitesse.

On voit donc qu'en raison directe du degré de sang, de la puissance de ses leviers, de son entraînement, de la manière dont il est monté et du poids qu'il a à porter, un cheval peut gagner ou perdre une course.

La manière d'être (et qui doit être) du cheval entraîné, a fait accréditer des erreurs qu'il faut détruire.

On prétend, et beaucoup de gens en sont convaincus, que le cheval de course a une construction exceptionnelle, que son train de derrière est très-élevé et son avant-main très-basse ; l'on ne voit pas que c'est le résultat de l'entraînement qui lui donne cette apparence particulière, qu'il faut bien chercher à lui conserver ; car, essayer de changer cette disposition, serait prendre sur la rapidité de l'allure.

Mais qu'un cheval sorte de l'entraînement, qu'on le mette dans les mêmes conditions que celui qui n'aura pas couru, et qu'au lieu de lui laisser tendre l'encolure on la lui relève et ramène, et que l'on engage son arrière-main sous la masse, on verra alors ce cheval, qui avait paru si disgracieux, prendre les formes les plus élégantes et avoir les allures les plus légères, les plus triles, les plus raccourcies ; en effet, tout ce qui a produit les éléments de force pour déterminer la vitesse, se trouve aussi ce qui donne tous les airs relevés, puisque les angles articulaires, qui, en s'ouvrant, étaient dans les conditions les meilleures pour assurer la rapidité, sont également dans les conditions les meilleures pour produire le ralentissement, l'élévation et le brillant des mouvements. A la course, le cheval paraîtra avoir la croupe haute et l'avant-main basse ; au manége, au contraire, il paraîtra avoir l'avant-main élevée et la croupe basse ; tandis que le cheval qui a paru beau parce qu'il a de l'embonpoint, que l'on a trouvé avoir l'encolure plus élevée et la croupe plus basse, parce qu'il n'a jamais été exercé, qui a des allures raccourcies, les seules qu'il puisse donner, si les bras de levier sont courts, restera dans son honnête médiocrité et sera écrasé par la comparaison.

Le cheval qui n'a que les angles restreints, reste toujours sur le même plan ; s'il n'a pas le moyen de pousser bien loin la rapidité de l'allure, il n'a pas davantage la faculté de la raccourcir dans ses dernières limites.

J'appuierai ce que je viens de dire de quelques observations pratiques :

Depuis 1818 jusqu'en 1840, j'ai monté, à première vue, et sans préparation aucune, plus de quarante étalons pur sang, la plupart vainqueurs aux courses, qui n'étaient jamais entrés dans un manége, qui n'avaient jamais eu le mors dans la bouche, et qui n'avaient jamais travaillé que sur le turf. Ces chevaux devinrent presque instantanément aussi souples et ralentis que des chevaux espagnols. Parmi ces chevaux je citerai *Snail*, *Eastham*, *Napoléon*, *Pickpocket*, et particulièrement *Tigris*, le cheval le plus remarquable, comme élégance et comme qualité, que j'aie monté de ma vie. Il arrivait d'Angleterre couvert de lauriers des courses. On le conduisit dans le manége du haras du Pin ; je le montai. Après sept ou huit bonds de gaieté, que je ne cherchai pas à combattre, il se calma, devint attentif et finit par sembler deviner mes moindres désirs. Au bout d'une demi-heure, il marchait à un galop tellement ralenti, qu'il aurait forcé de passer au pas le cheval le mieux dressé qui aurait tenté de le suivre.

Eylau, né au haras du Pin, fils de *Napoléon*, qui gagna les courses de Paris, le 17 ou 18 septembre 1839, renvoyé au haras du Pin, après les courses, y arrivait le 28 de ce même mois.

Le 1er octobre, je le montais dans le manége du haras ; le 5, il travaillait avec le ralenti, la précision, la justesse d'un cheval dressé à ces exercices depuis vingt ans.

Eylau est encore dans les haras, et passe pour un des meilleurs chevaux au travail de manége.

Je pourrais encore citer : *Maître-de-Danse*, *Pikok*, *Orbutus*, *Liberté*, *Jean-Bart*, *Miss Annette*, et plusieurs autres à lord Seymour, et ce serait pour signaler les mêmes résultats.

Je cite ces exemples, seulement pour prouver que les mêmes moyens qui avaient fait de ces chevaux des vainqueurs de courses en firent aussi d'excellents chevaux de manége.

Si, maintenant, par opposition aux coureurs célèbres que je viens de citer, je parlais de tous ces chevaux à allures étriquées et que l'on cite comme devant être excellents pour le manége, parce qu'ils sont sans allure, je dirais que ce sont ceux-là qui demandent le plus de peine pour les astreindre à ce travail.

Quelles que soient l'espèce, la légèreté d'un cheval, s'il manque de proportions régulières, il faudra quelquefois un an pour exécuter au manége un travail que l'on obtiendrait au bout de quinze jours avec un cheval de course[1].

---

[1] L'élévation et l'étendue des mouvements sont subordonnées à la direction et à la longueur des rayons articulaires. C'est pourquoi un cheval commun, fortement constitué, lourd en apparence, pourra avoir des mouvements beaucoup plus allongés et enlevés qu'un autre qui aura plus de sang, mais qui péchera par la longueur et la direction de ses leviers. Ce dernier aura toujours plus d'énergie, mais il n'aura pas les moyens de la dépenser convenablement, et, dans ce cas, la lame usera le fourreau ; néanmoins, tout imparfait qu'il sera, ce cheval pourra rendre des services : c'est au sang seul qu'il devra cet avantage.

Pour qu'un cheval commun rende de bons services (services qui seront toujours relatifs, car il n'aura jamais ni la même énergie, ni la même impressionnabilité que le cheval de pure race), il faut que sa construction supplée à ce manque de sang Il est donc nécessaire que ses organes respiratoires et

âge les gourmes arrivent, la dentition est dans son travail le plus fort, et que leur influence fait perdre au cheval toute l'énergie dont précédemment il aurait pu être doué.

Les gourmes sont d'autant plus fortes et plus dangereuses qu'un cheval est tourmenté; les transpirations trop abondantes, provoquées alors, peuvent amener la morve ou des fluxions de poitrine, qui reculent à tout jamais, ou pour long-temps, une éducation que l'on aurait voulu trop avancer.

L'école de Versailles, parfaitement convaincue de ce que je viens de dire, savait attendre; lorsque, pour doter le pays d'un encouragement salutaire, elle achetait à trois ans les chevaux bruts chez l'éleveur, elle ne les mettait en service qu'à cinq ans.

Le jour où il a été nécessaire d'attaquer ou de tourner en ridicule les principes de cette école pour se faire valoir, il a bien fallu paraître ne pas comprendre tout ce qu'avait de lo-gique et de sage cette manière d'agir. Quand on croit trouver des procédés capables de donner en trois semaines à tous les chevaux, quels que soient leur âge et leur construction, la même force, la même énergie, les mêmes qualités, comment ne pas condamner et répudier une équitation qui pouvait croire aux différences, et trouver quelquefois utile de ne rien forcer dans l'éducation du cheval ?

Quoi qu'on puisse dire, je ne pense pas qu'il existe de rè-gles, de principes, de recettes, en état de faire marcher les choses plus vite qu'elles ne peuvent aller.

Le résultat du système de Versailles était d'avoir pour les écuries royales des chevaux dont la durée était incalculable. Le renouvellement du service de la selle se faisait par quatorzième. Nous avions encore en 1830 des chevaux achetés sous l'Empire ; et les écuries du roi actuel avaient, il y a deux ans, des chevaux provenant de nos écuries.

CHAPITRE II.

Nous venons de voir, dans le chapitre précédent, que rien ne doit être pressé dans l'éducation du jeune cheval. Les bons soins hygiéniques, la douceur dans les approches à l'écurie sont les meilleures préparations. Ainsi, lorsqu'à l'écurie il supporte facilement qu'on lui mette le licol et le bridon, qu'il recevra celui-ci dans la bouche, sans témoigner de crainte, on le promènera à la main ; on mettra pour le sortir un caveçon par-dessus le bridon, afin que s'il avait envie de sauter, on puisse l'arrêter du caveçon ; on évitera ainsi que le bridon n'offense les barres et les lèvres. Pendant la promenade on marquera des arrêts fréquents du bridon, pour familiariser la bouche à une sujétion. Une fois calme à la promenade à la main, on le mettra à la longe pour le faire trotter en cercle. Dans cette circonstance on se servira de l'homme de

bois pour enrêner le cheval et habituer sa bouche à une sujétion légère et égale; à défaut d'homme de bois, on peut
aussi l'enrêner en fixant les rênes dans deux anneaux que l'on
peut placer sur un surfaix. Dans le principe on enrêne le cheval très-légèrement; à mesure qu'il se fait à cette sujétion, on
gradue l'enrênement; on tend ensuite une rêne plus que
l'autre, pour assouplir l'encolure, en ayant soin de plier plus
souvent le côté qui paraît le plus roide. Cet assouplissement
s'exige en raison de la flexibilité de l'encolure : quand on
croit cette partie assez souple, on se contente d'assujettir les
rênes également. Le cheval doit être arrêté souvent, afin
d'apprendre à rester en place et à repartir en venant prendre
son appui sur le bridon. On pourra, en maintenant aussi le
cheval et le tenant alternativement plié à droite ou à gauche,
le faire changer de main, et le faire marcher ensuite au trot,
au galop, le remettre au pas, lui présenter la tête au mur
pour lui faire échapper les hanches.

Un travail semblable a l'avantage de parfaitement préparer
le cheval, de le familiariser à l'homme, et de n'être aucunement fatigant pour lui. Quand une fois, ainsi maintenu par
le caveçon et l'enrênement, il sera devenu docile et confiant,
que l'on croira qu'il est assez en force, on essayera de le
monter.

Quand il sera maintenu par le caveçon, l'homme qui tiendra la longe le caressera, pour le mettre en confiance; le cavalier l'abordera avec précaution et le montera. Il descendra

plusieurs fois, et restera dessus, quand il ne témoignera aucune crainte. Si par hasard il offrait des difficultés au montoir, qu'il cherchât à se jeter de côté, à se doubler sur l'homme, celui qui tiendra la longe donnera des saccades du caveçon, assez fortes pour étonner le cheval et le faire reculer; quand il aura reçu cette correction, le cavalier l'approchera de nouveau pour monter dessus; la correction du cavecon se répète jusqu'à ce que le cheval reste tranquille. Aussitôt qu'il se laissera approcher sans témoigner le désir de recommencer une sottise, l'homme qui tiendra la longe le caressera en ayant toujours soin de se tenir prêt à agir avec le caveçon, si le cas échéait [1]. Une fois le cavalier à cheval, il prendra les deux rênes du bridon, assurera légèrement la main, en laissant tomber les jambes près des sangles : l'homme tenant la longe portera le cheval en avant, en le tenant assez près pour que le caveçon puisse agir s'il tentait de bondir ou de se dérober. Pendant la marche, le cavalier essayera d'agir sur les bridons, auxquels, du reste, le cheval sera déjà habitué par le travail de l'enrênement. Les premières leçons de ce genre doivent être très-courtes : il est préférable de les recommencer souvent, que de trop les prolonger; il faut toujours éviter de fatiguer le cheval dans le principe.

Quand au bout de quelque temps il marchera sagement, on lui donnera de la longe : le cavalier, en le maintenant

---

[1] Ce moyen, employé dans toutes les écoles depuis Grison, a été présenté comme une découverte dans un ouvrage publié en 1833.

toujours au pas, essayera de le diriger lui-même sur les cercles, et de le faire changer de main : il l'arrêtera, essayera de le reculer. Toutes les résistances pour arrêter ou reculer doivent être suivies d'un abandon de la main. Après avoir essayé de reculer, quand on restera en place, on sciera les bridons légèrement, et l'on finira par badiner une seule rêne pour essayer de faire tourner la tête du cheval et de le lui faire plier l'encolure : on répétera ainsi à peu près ce qu'on avait fait avec l'enrênement. Une fois le cheval en confiance au pas, le cavalier essayera de marcher au trot et au galop. L'homme tenant la longe doit être prêt à agir sur le caveçon, pour arrêter le cheval, s'il tentait, en prenant une allure plus vive, de bondir ou de se dérober.

Ce travail de la longe se suivra jusqu'à ce qu'ayant acquis assez de confiance et de connaissance des aides de la main, le cheval puisse être mis en liberté. Cependant, avant de le laisser libre, on essayera de lui faire échapper les hanches, en lui mettant la tête au mur. Pour cela, le cavalier le dirigera vers une muraille, et s'arrêtera en face. Quand il s'agira de le mettre en mouvement, et de le faire appuyer, je suppose, de gauche à droite, le cavalier portera un peu les épaules à droite pour indiquer la direction dans laquelle le cheval doit marcher ; en même temps il fermera la jambe gauche, en donnant de petits coups de talon pour pousser les hanches de gauche à droite, et les faire marcher obliquement. Pour aider ce mouvement tout nouveau pour le cheval, l'homme

qui tiendra la longe la maintiendra assez pour que la tête du
cheval ne se porte pas trop à droite, au moment où le cavalier porte les épaules de ce côté ; en même temps, il peut aider aussi à pousser les hanches de gauche à droite, en présentant une cravache ou un fouet près de la jambe gauche. Il
s'en servira légèrement, en frappant par petits coups l'arrière-main, si les hanches ne s'échappaient pas assez promptement à droite.

Quand le cheval sera libre, on lui fera suivre le même travail et le même terrain qu'il avait l'habitude de suivre étant
tenu à la longe. Marchant sur un terrain et suivant un travail connu, il obéira ordinairement sans résistance : le cavalier aura alors plus de facilité à l'amener à la connaissance
parfaite des aides. Une fois qu'il sera familiarisé à ces dernières, on pourra l'exercer dehors, afin de l'habituer à la vue
des objets. Il est très-bon dans ces promenades de se faire
accompagner d'un vieux cheval : celui-ci lui sert de guide,
et l'engage à passer souvent devant les objets qui auraient pu
l'effrayer s'il eût été seul. Étant ainsi guidé, il prend naturellement l'envie de se porter en avant, et recherche de lui-même
cet appui sur la main, absolument nécessaire à donner aux
chevaux pour arriver à les mener avec justesse et précision.

On doit éviter, dans le principe, de mettre un jeune cheval dans le cas de faire une sottise : trop d'exigences peuvent
faire naître des défenses, qui ne se maitrisent ensuite qu'aux
dépens de ses moyens.

Mais, quand une fois le cheval est arrivé à être franc devant lui, qu'il se porte en avant par la pression des jambes, qu'il s'appuie avec confiance sur la main, et qu'il se laisse facilement diriger et arrêter par elle, on commencera, pour régulariser ses mouvements, à l'astreindre au travail d'une reprise simple, sur le cercle et sur le large, et l'on finira ce travail en faisant échapper quelques pas à chaque main, la tête au mur.

Quand il sera ainsi préparé, il s'agira de lui faire connaître les éperons, et de le rendre franc à leur attaque ; on remettra alors le cheval à la longe : le cavalier reprendra au pas le travail sur les cercles. Il poussera le cheval devant lui par des appels de langue et de petits coups de jambe. Une fois le mouvement en avant déterminé, il fermera franchement les jambes en approchant les éperons. La première attaque ne doit pas être très-vigoureuse, car ordinairement, la première fois qu'un cheval sent l'éperon, loin de se porter en avant, il se retient, baisse la tête et plie l'encolure pour essayer de mordre la jambe du cavalier, ou bien, il se pousse dessus, recule et bondit sur place. Dans ces différents cas, l'homme qui tient la longe doit la maintenir et l'agiter pour que les saccades du caveçon relèvent la tête du cheval : il est nécessaire ensuite de le suivre avec un fouet, dont on se sert en le frappant sur l'arrière-main, pour le faire aller en avant. Les attaques de l'éperon doivent se graduer et se renouveler, jusqu'à ce que le cheval se porte franchement en avant.

Comme je viens de le dire, un jeune cheval sera toujours plus enclin à se retenir à l'attaque de l'éperon, qu'à la fuir ; il est bien rare qu'il s'emporte. Sa défense consiste en sauts de mouton, en écarts, en pointes, en ruades ; et si, par hasard, dans ces mouvements violents, il se porte en avant, ce ne sera jamais pour s'échapper bien loin ; l'emploi des éperons sur un jeune cheval, qui ne le connaîtrait pas et qui voudrait fuir, peut servir souvent à l'arrêter et à le faire bondir sur place.

Aussi faut-il s'attacher, dans le principe, à ne faire connaître cette aide que comme un moyen de provoquer le mouvement en avant ; un jeune cheval ne peut être considéré comme bien préparé, lorsqu'il n'est pas fidèle et franc à l'attaque de l'éperon. L'action de cette aide peut, en se modifiant en raison des besoins, devenir d'une grande utilité dans le complément de son éducation future.

Le cheval devient d'autant plus promptement fidèle à l'attaque de l'éperon qu'il trouve sur la main une résistance qui ne le porte pas sur l'arrière-main ; c'est pour cela qu'il faut faire connaître les éperons avant de mettre le mors ; le bridon offrant un appui plus doux, engage le cheval à se mettre dessus et à se porter en avant. Une fois le cheval franc à ces attaques, on peut lui mettre la bride ; on commence par lui en faire connaître l'effet en le promenant à la main ; il faut avoir soin, dans le principe, de tenir la gourmette lâche ; après l'avoir porté quelques pas en avant, on l'arrête en agissant sur les branches du mors, pour offrir une résistance sur les barres et la barbe, et l'on continue cette action pour le faire reculer.

Dans l'hypothèse où il refuserait de reculer, au lieu de trop fortement agir sur les branches du mors pour obtenir ce mouvement rétrograde, on se servirait du caveçon; au moyen de quelques saccades fortement appliquées sur le chanfrein, le cheval se portera en arrière; à mesure qu'il cédera à l'action du caveçon, on agira légèrement sur le mors afin d'arriver ainsi, en diminuant l'effet du caveçon, à lui faire comprendre que cette action de la bride est pour le faire rétrograder. En sachant user avec adresse et modération du caveçon, un cheval a bientôt compris cette leçon.

Quand le cheval a reculé quelques pas, on le reporte en avant, et l'on recommence souvent ces arrêts et ces mouvements rétrogrades; le cheval se familiarise ainsi avec cette nouvelle sujétion, qui, arrivant sans à-coups de la part du mors, est bientôt comprise. Quand on aura exécuté ce travail assez de temps pour croire que le cheval n'en n'est plus effrayé, on se mettra dessus, les rênes de la bride seront tenues dans la main gauche : cette main se fixera de façon à offrir une petite résistance, et l'on fermera les jambes pour pousser le cheval en avant. Si le cheval hésite, on diminue la résistance de la bride en augmentant l'action des jambes, et avec la main droite on agira sur le bridon, le cheval connaissant déjà ses effets. On cherchera, dans le principe, à suivre des lignes

droites, on arrêtera souvent, pour l'habituer à cette nouvelle
sujétion; on fera en sorte de marquer les arrêts droits, la
main basse, et les jambes assez fermées pour que les hanches ne se traversent pas. Le cheval devenu une fois fidèle à
ces arrêts de la bride, on essayera de le tourner en ouvrant
la rène de la bride; à mesure qu'il s'habitue à l'action de
l'ouverture de cette rène, on recommence ces tournants en
faisant agir la rène du dehors par son appui, et celle du
dedans par l'ouverture; les jambes doivent toujours maintenir l'arrière-main et aider les mouvements du devant.

C'est lorsqu'il commence à répondre à ces différents effets
que la main s'assure davantage pour essayer de le rassembler; alors on lui fait suivre les murs en le travaillant d'abord
dans le pli renversé, et ensuite l'épaule en dedans; il faut
pendant ce travail arrêter souvent le cheval, essayer de le
reculer légèrement et badiner ensuite la rène pour assouplir
l'encolure du côté où l'on veut amener le pli. Cette manière
est préférable, je crois, à chercher à assouplir sur place, et
elle est tout aussi prompte [1], car lorsqu'un cheval est dans sa
force, trois semaines d'un travail semblable à celui que je
viens d'indiquer, suffisent pour le rendre sage et franc devant
lui : il est susceptible alors de pouvoir être utilisé, ou de recevoir, si on le désire, un dressage plus complet, une finesse
relative au service auquel on le destine.

[1] Voir le chapitre xv, page 36. Développement des deux chapitres de
l'accord des mains et des jambes.

Le plus long à attendre est, comme je l'ai déjà dit, la vigueur tardive chez les jeunes sujets : c'est pourquoi il est bon de les faire monter par des enfants, afin de moins les charger.

Beaucoup de chevaux se défendent par faiblesse ; le plus sûr moyen de réussir est de les laisser en repos et de bien les nourrir.

CHAPITRE III.

Le simple bon sens indique la nécessité de ne rien presser dans l'éducation du jeune cheval. Les longs services que rendirent les chevaux dans les écuries impériales et royales, dans la maison militaire du roi, s'obtenaient au moyen de réserve, où l'on attendait, pour le mettre en service, qu'un cheval ait pris son développement, sa force, et qu'il fût exempt de toutes les maladies du jeune âge. Notre cavalerie, en suivant ces vieux et bons exemples, peut en retirer des avantages incontestables, tout en épargnant au trésor des dépenses énormes. Qu'elle se pénètre bien des raisons qui rendirent l'ancienne équitation patiente et lente dans l'éducation des jeunes chevaux. Que l'armée, au lieu de s'occuper de questions en dehors de sa compétence, laisse l'agriculture faire sa besogne, qu'elle fasse tout simplement, pour préparer et dresser les jeunes chevaux, ce que faisait l'ancienne équitation, et bientôt elle aura une cavalerie excellente qui lui coûtera beaucoup moins cher qu'aujourd'hui.

Il nous suffira de voir comment la chose se passe dans l'agriculture pour nous mettre à même de savoir comment nous devons agir.

Une grande partie des chevaux livrés au commerce ont travaillé à la terre. Ceux que l'agriculture utilise peuvent se diviser en deux catégories : premièrement, les chevaux communs de trait employés plus tard au roulage, aux diligences ou aux postes; deuxièmement les chevaux d'une espèce plus distinguée, destinés à faire des carrossiers de luxe, des chevaux à deux fins, ou bien encore des chevaux de grosse cavalerie ou de cavalerie de ligne.

Dans la deuxième catégorie, le travail auquel on soumet le cheval est toujours subordonné aux qualités qu'il déclare, et à l'espérance avantageuse qu'il laisse à l'éleveur sur sa vente future. Plus l'éleveur croira tirer un prix avantageux de son élève, plus il le ménagera et lui donnera de soins. Tandis qu'au contraire il surchargera de besogne celui sur lequel il ne présume aucun bénéfice. Dans tout état de cause, du moment où il est question de livrer au commerce, soit le cheval dont on aura pris le plus de soin, soit celui dont on aura abusé, il devient nécessaire à l'éleveur de mettre l'un et l'autre en condition de vente, et pour cela il suspendra le travail et l'exercice, et employera, pour le mettre en état, des moyens artificiels qui les engraissent promptement.

Cette transition dans le régime et les habitudes du cheval est souvent dangereuse pour sa santé, surtout si l'on n'use pas plus tard de soins, de ménagements extrêmes, pour détruire insensiblement cette sorte d'obésité, cette santé factice qui le prédispose aux gourmes et aux maladies inflammatoires.

Le cheval resté à l'herbe réclame peut être encore plus de ménagements, car il est plus prédisposé aux gourmes et maladies inflammatoires, que celui ayant été soumis précédemment à un travail rigoureux, si pendant le travail il a été bien nourri. En tout état de cause il faut éviter d'exiger trop promptement des services d'un jeune cheval; la moindre tracasserie, une sueur trop abondante, suffiront pour faire déclarer les maladies dont je viens de parler, et qui peuvent devenir d'autant plus graves que le cheval aura été plus surexcité. Les maladies que je viens de signaler causées par le travail, le changement de nourriture, de régime, etc., peuvent frapper plus généralement les chevaux ayant été abandonnés à l'herbe. Mais quand elles se déclarent sur ceux ayant été exténués de travail, et dont le sang aura été appauvri et vicié, elles se présentent souvent avec le caractère de la contagion.

L'armée doit donc, pour bien réussir, adopter le système des réserves; elles sont indispensables pour donner au cheval

le temps de se développer, de jeter ses gourmes, de se faire
à la nourriture régimentaire, de se mettre en haleine, et de
se dresser sans trop de précipitation. Voilà le secret des
hommes, de toutes les époques, les plus compétents en équitation. C'est en agissant ainsi que les écuries royales, la
maison militaire du roi, etc., obtenaient de longs services de
leurs chevaux.

Le ministère de la guerre a prouvé qu'il ne reculerait devant aucun sacrifice pour assurer la remonte de sa cavalerie.
L'idée de créer des haras militaires et des dépôts de poulains
prouve en même temps qu'il est tout disposé à avoir de la
patience. Au lieu donc de se jeter dans des créations aussi
douteuses dans leurs résultats qu'elles sont gigantesques et
onéreuses, qu'il essaye des réserves, comme je le propose,
et je crois pouvoir assurer que, tout en apportant une éco-
nomie dans le budget, il atteindra le résultat qu'il cherche
depuis si longtemps. Qu'il ne se préoccupe pas des ressources
qu'offre le pays; qu'il achète bien, qu'il fasse faire des acqui-
sitions régulières, qu'il n'entrave pas les opérations de la remonte par des règlements méticuleux [1], et il peut être certain
que le pays ne lui faillira jamais !

Les établissements de réserves pour la cavalerie peuvent
être établis de plusieurs manières; en admettant cette hypo-

---

[1] Voir ce que je dis à cet égard dans mon *Traité de l'industrie chevaline
actuelle des remontes.*

thèse où chaque régiment serait chargé du soin de sa réserve, cette organisation aurait beaucoup d'analogie avec ce qui se passait dans les gardes du corps et les maisons royales. Chaque réserve pourrait être alors sous la surveillance des capitaines instructeurs, ayant sous leurs ordres immédiats un piqueur, avec rang de sous-officier, et recevant une haute paye. Ce piqueur, dont la spécialité serait constatée[1], aurait, comme les piqueurs des gardes du corps ou des maisons royales, la surveillance de tous les chevaux de réserve, et présiderait à la distribution des fourrages; ferait donner à chaque jeune cheval la nourriture qui peut lui convenir; sachant alors comment ils se nourrissent et se conduisent à l'écurie, il pourra éclairer le capitaine instructeur sur le travail que chacun d'eux peut recevoir; comme il pourra avertir à propos le vétérinaire et le mettre souvent dans le cas de parer à une maladie.

A la réserve seraient attachés les soldats reconnus comme les plus soigneux, et les sous-officiers les plus intelligents et les plus jeunes.

Indépendamment que le piqueur serait chargé de l'éducation des chevaux les plus susceptibles, il resterait à la disposition du capitaine instructeur, et lui viendrait en aide pour

---

[1] Ces piqueurs ou ces écuyers militaires, comme on voudra les appeler, seraient fournis par l'École de Saumur; ils seraient choisis parmi les sous-officiers les plus capables : ils pourraient prendre dans le corps une position analogue à celle du vétérinaire.

faire monter à cheval les sous-officiers de la réserve chargés aussi du dressage des jeunes chevaux.

Ces chevaux ne pourraient rester moins de huit mois à la réserve, nulle raison ne devrait faire enfreindre cette règle, tandis qu'après cette époque ils pourront y séjourner jusqu'à ce que le capitaine instructeur ait jugé s'ils sont capables de rendre de bons services.

Tout cheval sorti de la réserve, venant à se déranger à l'escadron, à manquer de force, etc., rentrerait immédiatement à la réserve, pour être régularisé ou attendu.

Je crois qu'avec une organisation semblable les régiments seront assurés de voir entrer tous les ans, dans leurs rangs, des chevaux aptes alors à rendre de très-longs services.

L'expérience que j'ai de l'éducation de nos jeunes chevaux indigènes m'a mis à même de voir que les pertes faites en sujets de quatre à cinq ans, lorsqu'ils sont d'un bon choix et bien attendus, sont tout au plus de trois à quatre pour cent. Une fois l'éducation terminée, quand le cheval a reçu les soins convenables, sa durée moyenne est au moins de quatorze à quinze ans.

Mais aussi j'ai appris à mes dépens que quand on voulait trop promptement avancer l'éducation de ces jeunes chevaux, les pertes de quatre à cinq ans pouvaient être de vingt à trente pour cent, et que ceux qui survivaient n'offraient plus pour l'avenir d'aussi longues garanties de service que les précédents.

Avec une bonne organisation de réserve, le Gouvernement peut faire, comme je l'ai déjà dit, d'immenses économies, tout en ayant une cavalerie mieux montée et plus complète. Car il n'est pas douteux que le renouvellement ne se fasse alors par dix ou douze ans. C'est, du reste, ce qui arrive en Allemagne : les Allemands n'obtiennent de semblables résultats que par les bons soins donnés aux chevaux dans le jeune âge, et cependant ils s'adressent à des races offrant beaucoup moins de garantie de durée que les nôtres, et dont la longévité est incontestablement plus courte que celle de nos chevaux indigènes.

Nos pays d'élève en France ont certainement besoin de donner à l'éducation de leurs jeunes chevaux des soins mieux entendus, afin d'offrir moins de chances défavorables au commerce; mais jusqu'à ce que les idées des éleveurs se soient rectifiées, jusqu'à ce que le Gouvernement ait adopté les mesures nécessaires pour provoquer le progrès; le consommateur doit agir comme je viens de le dire. Il n'est aucun doute que l'obligation d'attendre un très-long laps de temps nos chevaux indigènes n'ait engagé le commerce à s'éloigner de nos pays d'élève; mais ceci est une question en dehors de celle que je traite en ce moment.

A MADAME DE ***

Madame,

Tout le talent auquel vous devez aspirer est de juger le genre de cheval qui convient à une femme, la position que vous devez avoir, les moyens à employer pour établir un aplomb d'allures qui fasse que les mouvements étant plus doux, vous vous trouviez portée plus commodément, et enfin la manière d'exiger, de changer les allures et de conduire votre cheval dans toutes les directions.

On recherche en général chez le cheval destiné à votre sexe une taille élevée : la raison en est que plus il y a de taille, plus on a de chances de rencontrer de grands mouvements qui, se répétant moins souvent, seront nécessairement plus doux. Cependant il arrive que des allures allongées se rencontrent dans de petits chevaux, comme des mouvements rétrécis chez des chevaux de grande taille ; il faut donc moins vous arrêter à la hauteur du cheval qu'à des mouvements libres et allongés qui dénotent toujours des allures agréables et de la sûreté de jambes. Quant à votre posture, madame, qu'ai-je à vous demander pour qu'elle soit pleine de grâce et de charme, si ce n'est qu'elle soit naturelle et sans apprêts, qu'enfin vous apportiez à cheval cette aisance et ces manières nobles qui vous distinguent dans l'habitude de la vie. Je ne vous parle pas cependant de cette attitude nonchalante et abandonnée si familière aux femmes, et qui a tant d'attraits ; à cheval, madame, il faut une attitude décidée qui sente le vouloir ; il n'y a rien de si gracieux qu'une femme, ordinairement forte de sa faiblesse, montrant une énergie qui, semblant se communiquer à son cheval, a l'air de redoubler son action. Dans ce cas, que le corps soit bien soutenu, un peu incliné en avant, comme pour dire à votre monture, c'est en avant que je veux aller.

Mais pour vous aider à garder cette position, il faut faire le choix d'un cheval dont les dispositions naturelles soient en rapport avec les moyens que vous avez pour le soumettre à l'obéissance, n'ayant ni jambes ni éperons pour le pousser en avant. Un cheval d'un caractère froid ne peut vous convenir ; celui qui aurait une trop grande énergie et qui prendrait un fort appui à la main, ne serait pas plus votre fait, car en tirant sur la bride, il vous obligerait, pour l'arrêter, d'employer une force qui fausserait votre position, vous fatiguerait et finirait à la longue par vous emporter, n'ayant plus en vous-même la force de le retenir.

Vous devez donc rechercher le cheval qui, ayant une construction saine, c'est-à-dire qui n'ayant point de tares [1] offre des garanties de sagesse, et dont l'espèce ou le sang lui donne une énergie et une sensibilité que vous pourrez atténuer ou exciter par les moindres effets de votre bride ou de votre cravache.

Je serai obligé de faire ici une digression pour vous apprendre, madame, ce qu'on entend par un cheval d'espèce ou de sang.

Dans le moyen âge, les chevaux neustriens étaient en renom dans les tournois. C'était alors la race la plus estimée de l'Europe; aussi les chevaliers de toutes les nations donnaient-ils la préférence aux destriers de ce pays; l'Angleterre, si renommée aujourd'hui par son espèce chevaline, vit l'aurore de ses progrès en ce genre, lors de la conquête de Guillaume, qui, se fixant en Angleterre, emmenant après lui une suite nombreuse d'écuyers, de chevaliers et d'hommes d'armes, importa ainsi dans le lieu de sa conquête les meilleurs chevaux que l'Europe produisait à cette époque.

Mais à mesure que la tenue des hommes de guerre se simplifia, que les armures devinrent plus légères, que l'on sentit enfin la nécessité de donner à cette espèce chevaline plus de

---

[1] On appelle un cheval d'une construction saine, celui qui est exempt de *tares*. Les *tares* sont des callosités ou des relâchements qui se présentent aux diverses articulations, en gênent les mouvements et provoquent chez le cheval une douleur qui, lorsqu'elle est excitée, le désordonne et l'éloigne de l'obéissance. Les tares, lorsqu'elles sont fortement prononcées, font boiter les chevaux.

légèreté dans la construction, et de rapidité dans les mouvements, on songea à établir des croisements qui devaient
atteindre ce but, mais qui, en raison du peu de lumières de
chacun, eurent des résultats plus ou moins satisfaisants qui
firent apercevoir qu'en ayant voulu modifier cette espèce,
on l'avait abâtardie, et que les produits n'avaient plus ni la
même force ni la même énergie.

On vit alors que les races indigènes devenaient insuffi-
santes à l'accomplissement du travail qu'on avait entrepris.
Quelques chevaux arabes, qu'on amena en Europe à l'époque
des croisades, donnèrent déjà des produits qui prouvèrent la
supériorité de ces espèces étrangères : c'est ce qui fit que
plus tard, lorsqu'on songea sérieusement à l'amélioration de
nos races, des hommes éclairés jetèrent les yeux sur l'Orient,
ce berceau du monde et de la civilisation, pour y rechercher
chez les tribus arabes la race primitive pure et sans mélange.

Il pourra vous paraître étonnant que ce soit chez des
hordes barbares qu'on aille chercher le type parfait du
cheval; mais votre surprise cessera lorsque vous saurez que,
de temps immémorial, l'Arabe s'occupe spécialement de ce
genre d'éducation; le cheval n'est pas pour lui, comme pour
nous, un accessoire de l'existence et l'emblème de la richesse, c'est toute sa vie, c'est son ami le plus dévoué, il
partage avec lui ses peines et joies, ses fatigues et son repos.
Sa noblesse est celle de son cheval, il a sa généalogie, connaît ses affiliations et peut prouver jusqu'à plus de trois mille

ans que son compagnon, son ami fidèle est de race noble et
de sang qu'aucune mésalliance n'a pu tacher. Cette noblesse
chevaline s'appelle en Arabie la race des *koclhani*; les races
croisées, ou qui laissent du doute sur la pureté de l'alliance, des
kadischi; il existe aussi des races communes ou plébéiennes,
car il y a des vilains partout. Dans la caste des koclhani,
madame, il y a de hautes prétentions nobiliaires, car certaines tribus prétendent avoir des chevaux qui descendent
en droite ligne d'un étalon ayant appartenu à Salomon, et
que le roi montait à la guerre. Il arriva que ce cheval reçut
au défaut de l'épaule et de l'encolure un coup de lance qui
lui laissa une cicatrice qu'il transmit, à ce qu'on prétend, à
toute sa descendance; en effet, j'ai remarqué sur plusieurs
chevaux arabes, ou sur des espagnols qui ont aussi une
origine orientale depuis la conquête des Maures, un en-
foncement au bas de l'encolure, qui ressemble à une
blessure et qui n'est qu'une bizarrerie de la nature que
l'on nomme coup de lance, pour faire allusion à la fable que
je viens de vous rapporter; car je me garderai bien d'insister
pour vous faire croire une chose qui ne servirait par la suite
qu'à vous faire douter de toutes les vérités que je pourrais
vous dire, et qui vous paraîtraient quelquefois invraisem-
blables.

Ce fut donc, madame, cette race de koclhani et de kadischi qu'on importa en Europe, afin de la mélanger à notre
espèce indigène, pour lui donner la vigueur, le fond, la sen-

sibilité et l'énergie qui sont le propre de la race arabe; ainsi, lorsque vous entendrez dire qu'un cheval a du sang ou de l'espèce, c'est que sa tournure, son élégance et sa vivacité laissent supposer que dans ses veines coule du sang oriental.

Mais afin de n'être pas toujours tributaires de l'Arabie, les Européens tentèrent d'acclimater la race sans mélange. Indépendamment des étalons, ils importèrent des juments de pur sang, afin de faire naître le pur sang en Europe.

Vous jugez, madame, qu'il fallut de grands soins pour que des produits, qui auraient dû naître sous un ciel et sur des sables aussi brûlants que ceux de l'Arabie, pussent s'acclimater dans un pays aussi tempéré et aussi humide que le nôtre.

Les Français eurent peu de succès dans leurs essais, parce qu'ils n'y mirent point assez de persévérance. Cependant notre race limousine, si renommée jadis, ne devait sa supériorité qu'aux chevaux arabes importés lors des croisades. Je crois que le climat du Limousin et le hasard firent cette race bonne; l'ignorance, la négligence et le manque d'encouragement l'ont totalement perdue; mais l'Angleterre, au contraire, a complétement réussi. Ce peuple suivit dès le principe les errements des Arabes à l'égard des généalogies, car les chevaux de pur sang nés en Angleterre ont aussi leurs parchemins. Les divers produits furent mis en concurrence dans les courses afin de juger leur force et leur supériorité. Les meilleurs résultats furent conservés précieusement comme producteurs. Les soins, les bonnes nourritures et les emplacements chauds et commodes, rendirent à ces chevaux la différence du climat moins sensible. Enfin, madame, les Anglais sont parvenus à acclimater en Europe la race arabe en lui conservant la même énergie, la même pureté de sang en même temps qu'ils en ont grandi la taille et peut-être augmenté l'élégance.

C'est sous Henri VIII qu'on s'occupa spécialement de l'amélioration des races en Angleterre. Les courses furent instituées à cette époque, et ce roi, qui ne ressemble en rien à ceux de nos jours, prévoyant qu'en améliorant les races des chevaux dans son royaume il le doterait pour l'avenir d'un bien-être et de produits énormes, rendit un édit qui ordonnait de tuer chez tout Anglais qui possédait des juments, celles que les experts en cette matière ne jugeraient pas propres à une reproduction convenable; le despotisme d'Henri fut un grand bien pour son pays, puisque l'Angleterre est à présent la contrée de l'Europe où la cavalerie est la mieux montée, les voitures publiques menées avec le plus de célérité, les chevaux de chasse les plus beaux et les meilleurs, les chevaux de course, considérés non-seulement comme les coursiers les plus renommés, mais comme les producteurs les plus recherchés; et enfin, madame, malgré tout ce bien-être et cette gloire, l'exportation des chevaux anglais sur les continents rapporte à l'Angleterre plus de vingt millions par an. Malgré tous ces bienfaits, je crois qu'il serait bien mal venu le roi qui de nos jours, pour le bonheur de son peuple, agirait comme Henri VIII.

Vous savez à présent, madame, ce que c'est que les chevaux de pur sang; vous voyez qu'il peut s'en trouver en tout pays, mais que leur point de départ est l'Arabie. Le cheval de demi-sang est le produit d'un pur sang avec un sang indigène. Le trois quarts de sang, le produit du pur sang avec le demi-sang. Je crois, madame, que c'est un cheval issu de cette dernière manière qui doit convenir aujourd'hui à une femme, en répudiant à tout jamais la haquenée et la jument d'allure, qui jadis faisaient les délices de nos vagabondes damoiselles, et qui sont aujourd'hui tout au plus dignes de porter nos fermières normandes au marché.

Avant d'être entré dans cette longue et peut-être ennuyeuse digression sur le cheval de sang, nous avions parlé de votre posture. Lorsque vous aurez pris une bonne attitude, le moyen de la conserver est de rechercher des points d'appui, qui, vous fixant et vous liant au cheval, vous identifient à ses mouvements. Ainsi votre jambe droite qui passe dans le crochet de la selle doit être pliée de manière que vous puissiez étreindre ce crochet lorsque des secousses violentes pourraient vous désarçonner, la jambe gauche doit être dans toute sa longueur le plus près possible du corps du cheval, en appuyant le pied dans l'étrier, parce que plus vous aurez de contact, plus vous aurez de tenue. Votre étrier sera assez court pour qu'en appuyant dessus, le talon soit

plus bas que la pointe du pied ; et afin que votre jambe ne
s'éloigne pas, vous fixerez le plus possible votre genou gauche sur la selle, en tournant autant que possible cette jambe
sur son plat.

Quand le corps sera ainsi fixé, vous aurez alors le double
emploi de vos mains, chose plus essentielle encore pour vous,
madame, que pour les hommes, puisque la manière dont
vous êtes placée vous ôte le secours puissant des jambes, et
que ce sera l'adresse que vous emploierez à vous servir de
votre main qui pourra suppléer au manque d'un semblable
secours.

Vous devez considérer la main qui tient la bride comme
un gouvernail qui doit régler tous les mouvements de votre
cheval. C'est pour cela qu'une fois en marche, il faut qu'elle
se fixe, et qu'en tirant un peu sur le mors vous vous mettiez
en contact avec la bouche, afin que ce contact établi, votre
cheval puisse se fixer et attendre pour changer ses mouvements ou sa direction que votre main change de place.

Si je compare la bride qui dirige le cheval au gouvernail
qui dirige une barque, c'est qu'en effet, sur beaucoup de
points, barque et cheval sont mûs par les mêmes causes,
c'est-à-dire par des résistances et des oppositions. Ainsi,
madame, lorsque vous parcourez dans votre légère nacelle
les mille détours de la rivière qui baigne votre parc, si beau
et si plein de grands souvenirs, quand, assise sur la poupe,
vous tenez en main le gouvernail, vous savez que pour

voguer en ligne droite il faut que ce gouvernail soit maintenu bien droit, mais qu'il suffit de le déranger et d'offrir une résistance plus forte d'un côté, pour qu'alors la proue quitte le sillon qu'elle s'était ouvert, et qu'elle fende les eaux dans une direction opposée à la résistance qu'elle vient de recevoir.

L'avant-main du cheval maintenu par la puissance du mors et des deux rênes, de même se maintiendra droit tant que ces deux rênes auront une action égale; mais dès que cette égalité cessera, la pression la plus forte fera tourner le cheval du côté opposé. Ainsi, lorsque, tenant votre bride dans la main gauche, vous voudrez allez droit devant vous, vous aviserez à ce que vos rênes soient égales et que votre main se trouve placée au-dessus de l'encolure. Quand il vous plaira d'aller à droite, vous porterez la main de ce côté; la main cessant de rester au-dessus de l'encolure, les rênes cesseront alors d'être égales, la droite deviendra ballante et la gauche, au contraire, s'appuyant sur le côté gauche de l'encolure et du mors, marquera une pression que le cheval fuira en se portant à droite, tant que cette pression aura lieu le cheval tournera; dès que vous voudrez cesser de tourner il suffira de placer la main dans la nouvelle direction que vous désirerez suivre et dès que l'encolure sera arrivée sous votre main; les rênes ayant alors une action égale, le cheval marchera droit, arrêtera si, après avoir fixé votre main, vous marquez un temps d'arrêt.

Vous pouvez encore faire tourner le cheval par l'écarte-
ment d'une rêne au lieu de la pression ; ainsi, voulant
tourner à droite, vous laisserez votre main gauche fixe,
prendrez la rêne droite avec la main droite et l'écarterez de
manière à tirer la tête à droite. La tête s'étant portée dans
cette direction, si le mouvement continue, le reste du corps
suivra nécessairement la nouvelle direction que vous aurez
donnée à la tête. Si le cheval refusait de répondre à cette
action, vous agiriez avec la pression de la rêne gauche. Ainsi
vous voyez, madame, que vous avez deux moyens au lieu
d'un pour tourner à droite ou à gauche.

La bride a d'autres propriétés qui vous sont fort essentielles à connaître : celle de pouvoir agir sur l'arrière-main ;
le cavalier au moyen de ses jambes peut par leur pression
agir sur les hanches du cheval. Cette propriété est une
grande ressource pour le bien conduire, attendu qu'il arrive
souvent que les chevaux marchent de travers, c'est-à-dire que
les hanches ne suivent pas exactement la ligne des épaules ;
cette manière d'aller serait de plus fort incommode pour
vous, aussi faut-il avoir le moyen de la rectifier.

La disposition naturelle du cheval étant de se porter en
avant, lorsque nous avons voulu l'approprier à nos besoins
il a fallu rechercher un frein qui, tout en ayant la propriété de
changer sa direction, eût aussi celle de ralentir son action
et de l'arrêter. Qu'est-ce qui fait qu'il s'arrête lorsque vous
tirez sur le mors ? C'est que celui-ci, en basculant, fait

éprouver au cheval une pression de devant en arrière qui lui fait reculer la tête, relève ses épaules, et rejetant le poids qui se portait en avant sur l'arrière-main, ralentit sa marche, l'arrête ou le fait reculer en raison de la force et de la continuité de la résistance que vous marquez sur le mors.

Vous voyez d'après cela, madame, que votre bride peut agir sur l'arrière-main, puisqu'en tirant dessus vous pouvez la faire marcher la première, c'est-à-dire faire reculer votre cheval. On peut ensuite, et vous le comprendrez facilement, le faire reculer droit ou de travers. Si les hanches sont exactement sur la même ligne que les épaules, en tirant également sur les deux rènes, les pressions étant égales sur les deux côtés de la bouche, la tête et l'encolure resteront droites, et le portant en arrière feront reculer de même d'une manière droite les épaules et les hanches. Mais si vouliez reculer de travers, il faudrait alors marquer sur un côté de la bouche une résistance plus forte que sur l'autre côté. Vous vous doutez, madame, qu'étant sur une ligne droite, s'il vous plaisait de faire sortir la hanche gauche de cette ligne, il faudrait marquer sur la bride une résistance plus forte du côté opposé ; car, dans ce cas, en agissant avec plus d'action sur la rène droite, le cheval amenant et reculant un peu la tête à droite. cette position de tête fera reculer plus l'épaule droite que la gauche, ce qui mettra le cheval de travers et lui rejettera l'arrière-main à gauche ; il en sera de même toutes les fois que vous voudrez faire tourner votre

cheval ; en même temps que le devant se porte à droite, l'arrière-main est forcé de se porter à gauche.

Ainsi, marchant au pas, au trot ou au galop, si les hanches ne suivent pas la ligne des épaules, il vous suffira pour
mettre le cheval droit de marquer une résistance plus forte
sur une rêne que sur l'autre. Par exemple, si les hanches
tombaient à droite, vous marqueriez alors, en tirant à vous
la rêne droite, une résistance qui, portant un peu la
tête à droite et reculant l'épaule droite, redressera la hanche
de ce côté, puisque ce mouvement doit contribuer à rejeter
l'arrière-main à gauche. Si cette action ne suffisait pas, vous
pourriez vous servir de votre cravache que vous appuierez
sur le ventre du cheval, afin que cette pression pût pousser
l'arrière-main encore à gauche. S'il déviait en portant l'arrière-main à gauche, vous agiriez avec la rêne gauche en
vous aidant cette fois de la pression de votre talon gauche,
qui a la propriété de pousser les hanches à droite.

Tâchez de comprendre, madame, que cette action que
vous marquez sur les rênes, et que j'appelle résistance, n'a
rien de commun avec la pression que vous marquez sur l'encolure pour faire tourner ; l'action n'est plus la même ou ne
s'exige pas de la même façon. Il arrive cependant qu'il
faille alternativement et instantanément donner à vos rênes
les deux actions différentes. Une grande justesse est nécessaire pour que, tout en rapprochant ces effets divers, la différence en soit sensible au cheval. Par exemple, madame, il

est des cas où vous voulez, au lieu d'aller en avant, faire appuyer votre cheval de gauche à droite ou de droite à gauche, en marchant sur les pas de côté. Souvent aussi, tout en marchant, il vous plaira d'aller d'un côté d'une route à un autre côté, en faisant marcher encore votre cheval sur les hanches; eh bien! c'est au moyen de la résistance dont nous venons de parler, et ensuite de la pression de la rêne sur l'encolure que vous pourrez obtenir ces divers résultats.

Si vous voulez appuyer de gauche à droite sans aller en avant, il vous suffira d'abord de mettre votre cheval en mouvement, de marquer un temps d'arrêt de la bride, assez fort pour qu'il ne se porte pas en avant; vous établirez alors une résistance de la rêne gauche, afin de jeter les hanches à à droite et les engager de ce côté. Une fois que vous avez obtenu ce premier mouvement, vous portez aussitôt la main à droite, afin de faire agir votre rêne gauche par la pression sur l'encolure pour porter les épaules à droite, et vous répéterez alternativement ces deux mouvements afin que, tout en engageant les hanches, les épaules se trouvent placées sur la même ligne que l'arrière-main.

Afin que le cheval soit plus impressionnable aux divers effets des rênes et qu'il ne recule pas, il faut avoir soin de réveiller son action par quelques coups de cravache sur l'encolure, comme vous pourrez; pour redoubler cette action et pousser les hanches de gauche à droite, vous servir de votre talon gauche, que vous appuierez fortement et par à-coup sur le ventre du cheval; il faut encore, en revenant de droite à gauche, user de la cravache sur le flanc pour rejeter l'arrière-main à gauche.

Lorsque vous voudrez appuyer ainsi en allant en avant, vous userez des mêmes moyens, excepté que vous laisserez à la bride plus de liberté.

Voilà, madame, les seuls moyens qu'ont les femmes pour diriger leurs chevaux; avec du tact, elles peuvent à l'aide de ces faibles secours savoir cependant changer, régulariser les allures et les maintenir d'aplomb.

Lorsque vous voulez marcher le pas, il suffit d'exciter légèrement le cheval, soit par un appel de la langue, soit par un petit coup de fouet sur l'encolure, en maintenant votre main légèrement devant vous. Une fois le pas déterminé, vous le régulariserez, c'est-à-dire que si vous sentez qu'il aille avec trop de précipitation, vous marquerez un arrêt de la main jusqu'à ce que vous sentiez qu'il marche également et d'aplomb; s'il n'allongeait pas assez, vous l'exciteriez de la cravache.

Pour marcher au trot, vous donnez au moment du départ un peu de liberté à la bride, en laissant toutefois votre main bien fixe devant vous, afin que votre cheval se maintienne droit; vous exciterez plus fortement de la cravache pour augmenter son action et le porter en avant; une fois l'allure prise, votre main se fixera au point que vous croirez devoir faire effet pour que le trot soit régulier, c'est-à-dire que les battues se succèdent assez également pour qu'elles aillent en mesure. Vous aurez soin de maîtriser de la bride ou d'exciter avec la cravache, en raison du plus ou moins de rapidité que vous désirerez obtenir.

Dans le pas et le trot, le cheval place alternativement ses jambes également devant lui ; il faut donc pour obtenir ses deux allures le maintenir droit. Le galop diffère en ce qu'il entame le terrain toujours du même côté pendant toute la durée du temps de galop, c'est-à-dire que, lorsqu'il court à droite, il entame le terrain avec le pied droit. C'est lorsqu'il court sur ce pied que vous vous trouvez portée le plus com—modément. Lorsqu'il court à gauche, c'est son pied gauche qui précède. Vous sentez que pour prendre l'un ou l'autre pied, il y a nécessairement une préparation à faire, c'est-à-dire que, lorsque vous voulez partir à droite, il faut porter votre main un peu à gauche afin d'avancer l'épaule droite et marquer ensuite une résistance sur la rêne gauche, qui, en reculant le côté gauche, mettra le droit dans le cas de se maintenir en avant.

Comme le galop ne peut se déterminer que lorsque le cheval est un peu assis, il faut, en même temps, que vous agissiez de manière à placer le côté droit le premier, arrêter par l'action de la main le développement des épaules, et engager ainsi le cheval à s'enlever au galop en ayant toujours soin d'entretenir et même d'augmenter son action par des coups de cravache sur son encolure.

Si la fantaisie vous prenait de changer de pied, c'est-à-dire de passer à gauche, vous rompriez par un fort arrêt le galop à droite, placeriez de suite l'épaule gauche la première en portant la main à droite, et en marquant une résistance sur la rêne droite, afin de faire avancer tout le côté gauche et reculer le droit. Enfin exciter de nouveau de la cravache et marquer un petit temps d'arrêt : alors, madame, votre cheval partira infailliblement à gauche.

J'ai peut-être été bien long et bien diffus, pour vous donner l'explication des moyens qui sont à votre portée et dont vous devez user pour tirer parti d'un cheval. J'espère, madame, que dans l'avenir tous ceux que vous me permettrez de vous faire monter vous comprendront, parce que je m'efforcerai de leur donner une éducation en rapport avec le tact que vous acquerrez; c'est du reste, pour moi, une tâche bien douce, mais difficile peut-être, que de prendre l'engagement de vous dresser des chevaux toujours dignes de vous.

CONCLUSION

J'ai essayé de démontrer la marche progressive de l'équitation; j'ai cherché à faire connaître les raisons qui la firent
modifier, et enfin comment elle était tombée dans l'oubli.

Après une longue indifférence, n'ayant plus le souvenir
d'un passé cependant bien près de nous, une réaction s'opère,
et l'on semble vouloir s'occuper aujourd'hui plus que jamais
de cet art. Chacun arrive donc avec ses prétentions et sa nouvelle méthode.

Quelle que puisse être l'excellence de ces méthodes, je doute
qu'elles amènent des résultats meilleurs, plus prompts, plus
rationnels, que ceux obtenus par l'École de Versailles sous la
Restauration.

Je crois, au contraire, que si ces nouveaux préceptes
étaient adoptés, ils seraient bientôt modifiés, comme le furent
à Versailles ceux de l'ancienne équitation.

Il existe entre les anciens et les nouveaux préceptes une
telle analogie, une telle connexité, que l'on ne peut se refuser à croire les uns calqués sur les autres; ils diffèrent simplement dans la manière dont ils sont présentés. Jadis, l'équitation était un art servant à approprier le cheval aux besoins

et aux usages de l'époque. Aujourd'hui, un peu plus exclusif, l'on veut en faire une science exacte, ayant des règles immuables et infaillibles. L'expérience nous prouvera de quel côté se trouve la vérité, et qui a raison des savants ou des artistes.

En tout état de cause, il n'existe aucun doute pour moi que si cette nouvelle école vient à surgir, une fois qu'elle aura réalisé le proverbe fort trivial, *Ote-toi de là que je m'y mette*, elle élaguera alors insensiblement tout ce qu'ont d'erroné les principes qui servirent à la mettre en évidence. L'expérience la fera revenir petit à petit aux préceptes simples et raisonnés, clairs et précis, de l'École de Versailles ; elle sentira que loin de chercher à rétrograder en se jetant dans les inutiles superfluités du moyen âge, nos usages veulent une équitation plus simple et plus positive. C'est pourquoi j'ai cru utile de faire connaître la voie dans laquelle marchait une École méconnue quand elle existait, et complétement ignorée par ceux qui se permettent d'en parler aujourd'hui.

TABLE DES MATIÈRES.

DU JEUNE CHEVAL.

Paris.—Imprimerie de COSSE et J. DUMAINE, rue Christine, 2.

9 782329 568942